JN025399

ミネルヴァ日本評伝選

推古天皇

遺命に従うのみ　群言を待つべからず

義江明子著

ミネルヴァ書房

刊行の趣意

「学問は歴史に極まり候ことに候」とは、先哲荻生徂徠のことばである。

歴史のなかにこそ人間の智恵は宿されている。人間の愚かさもそこにはあらわだ。この歴史を探り、歴史に学んでこそ、人間はようやくみずからの正体を知り、いくらかは賢くなることができる。新しい勇気を得て未来に向かうことができる。徂徠はそう言いたかったのだろう。

「ミネルヴァ日本評伝選」は、私たちの直接の先人について、この人間知を学びなおそうという試みである。日本列島の過去に生きた人々の言行を、深く、くわしく探って、そこに現代への批判を聴きとろうとする試みである。日本人ばかりではない。列島の歴史にかかわった多くの異国の人々の声にも耳を傾けよう。

先人たちの書き残した文章をそのひだにまで立ち入って読み、彼らの旅した跡をたどりなおし、彼らのなしとげた事業を広い文脈のなかで注意深く観察しなおす――そのとき、はじめて先人たちはいまの私たちのかたわらによみがえってくる。彼らのなまの声で歴史の智恵を、また人間であることのよろこびと苦しみを、私たちに伝えてくれもするだろう。

この「評伝選」のつらなりのなかから、列島の歴史はおのずからその複雑さと奥ゆきの深さをもって浮かび上がってくるはずだ。これを読むとき、私たちのなかに新たな自信と勇気が湧いてきて、その矜持と勇気をもって「グローバリゼーション」の世紀に立ち向かってゆくことができる――そのような「ミネルヴァ日本評伝選」にしたいと、私たちは願っている。

平成十五年（二〇〇三）九月

上横手雅敬

芳賀　徹

植山古墳から丸山古墳をのぞむ（橿原市教育委員会蔵）
（植山古墳は推古の初葬陵。丸山古墳は父欽明の陵か）

豊浦寺下層遺跡　発掘された石敷（奈良文化財研究所蔵）
（推古が即位した豊浦宮の遺構か）

はしがき

推古（在位五九三～六二八）は、『日本書紀』が記す最初の女帝である。古代には六世紀末に即位した推古から八世紀後半の称徳まで、約二〇〇年間に八代六人の女帝（女性の大王／天皇）が在位した。同じ期間の男帝は推古の前の崇峻から数えても七人だから、男女の割合はほぼ半々である。称徳の次の光仁以降は、近世の二人を除くと全て男帝となる。さらに、明治の大日本帝国憲法と旧皇室典範で女帝が制度的に否定され、現在にいたる。

なぜ古代のこの時期に、男女の統治者が相半ばして存在したのだろうか。そこには、女性の即位を当然とする客観的な社会条件があった。双系的親族構造と長老原理である。

双系的親族構造の社会では、中国のような父系社会とは異なり、父方と母方双方の血統が子の社会的・政治的地位を決める重要な要素となる。また親の地位・財産は、男子だけではなく、女子にも均等に承け継がれるのが原則である。六～八世紀前半まで、王族の間では異母兄妹婚・叔父姪婚などの近親婚がくり返し行われた。この期間に即位した男女の多くは、父方・母方のどちらをたどっても一～二代前の大王／天皇に行き着く。即位の正当性の裏付けとして、父母双方の血統が重視される社会だったからである。

それが変わり始めるのは、七世紀末〜八世紀初の律令制導入期である。中国で長年にわたり育まれ完成に達した体系的法典である律令は、その骨格に父系原理がしっかりと組み込まれている。律令支配システムに社会を適合させていくためには、父系への制度的転換、とりわけ官僚制の中核をなす支配層の父系的編成が必須だった。以後も基層では双系的親族構造がつづくものの、支配層の公的継承原理は父系となり、次第に社会の様々な分野にも男性優位が浸透していく。古代女帝の歴史が八世紀後半に終焉を迎えるのは、こうした大きな社会構造の転換が背景にある。

遡って考えてみると、三世紀の邪馬台国女王卑弥呼(ひみこ)をみてもわかるように、列島上には古くから女性の統治者がいた。『日本書紀』や『古事記』にも、各地の男女酋長(しゅうちょう)にまつわる伝承が書きとどめられている。考古学の人骨／副葬品分析によれば、古墳時代前期までの古墳に葬られた首長たちは、ほぼ男女半々の割合だという。倭の社会ではそもそも、男女の統治者／統率者が各地に普遍的にいたのである。

だが、対外的な軍事抗争のつづいた五世紀に、最高首長たる倭王の地位には男王がつくことが多くなる。そもそも卑弥呼の「共立(きょうりつ)」も含めて、王は有力首長たちの推挙／承認によって選ばれるのが常だった。王にどのような資質をもとめるかは、時代によって異なる。五世紀の倭王たちには、軍事指揮者としての資質を優先して、男が選ばれたのである。彼らは、中国皇帝から朝鮮諸地域への軍事支配権を含む「(大)将軍倭王」の号を得て、自らの王位を確かなものにしようとした。ただしこの段階での男性優位は、社会上層のごく一部にとどまり、基層の親族構造に影響を及ぼすものではなかった。女性の統率者は、各レベルで存在しつづけたのである。

五世紀末の倭王武（雄略）を最後に、中国への遣使は途絶える。国内の支配体制充実を基礎に、六世紀初の継体以降は次第に世襲王権が形成されていき、男王独占の状況は変わった。双系的親族構造にそって、男女が王位継承の血統的要件を満たすようになったからである。継体の子の欽明につづき、欽明の男女子四名（敏達・用明・崇峻・推古）が相次いで即位したことで、世襲王権は確かなものとなった。『書紀』が女帝の歴史を推古から始めるのは、世襲王権の成立と密接に関わっている。

世襲になったとはいっても、継承順位が明確に定まっていたわけではない。血統的条件を備え、群臣（倭政権を構成する有力豪族たち）の支持を得た御子が、倭王となることができた。異母兄敏達のキサキとなった推古は、敏達の死直後から始まった熾烈な継承争いを主導し、その統率力を認めた群臣の推挙を得て、兄弟三人につづいて王位に就いたのである。

六〜七世紀末までの倭王の即位年齢は、平均するとほぼ四〇歳以上だったことが明らかにされている。四〇歳というのは、古代の村落でも統率者と認められる年齢だったらしい。年齢を重ね経験を積んだ男女が指導者となる長老原理の社会で、王位継承においても、王族の中の男女長老が王に選ばれたのである。推古は、一八歳で敏達のキサキとなり、三九歳で即位してから七五歳で亡くなるまでの三六年間、倭王として国政を領導した。その経験／見聞は、他の群臣の追随を許さないものだったろう。

ともに手を携え国政を担ってきた蘇我馬子は、推古が死を迎える三年前に七六歳（推定）で亡くなった。馬子と推古は、叔父―姪とはいっても年齢的にはごく近い。馬子が推古を導いたというより、むしろ二人は同年代の政治的同志だったのだろう。馬子の没後、倭王権を率いる最長老となった推古は、死の前日に、次の大王に誰がふさわしいかを示唆する遺詔を、口頭で伝えた。群臣の推挙によって決められてきた王位継承の歴史に、前王の意志を反映させる王権自律化の一歩を加えたのである。

六世紀の世襲王権形成期にあって、欽明が自らの子孫に王位を伝えていくためには、新興の豪族蘇我氏との支え合いが必要だった。欽明は蘇我稲目の娘を何人もキサキとし、その子たちは何重にもわたる近親婚を重ねていく。推古の父は欽明、母は稲目の娘堅塩である。推古は終生、欽明と稲目を始祖とする双系的血統観を強烈に抱きつづけた。推古にとって、王権の強化と蘇我氏の繁栄は、何ら矛盾するものではなかったのである。

五人の娘にめぐまれた推古は、次世代を担う有力御子（敏達の子彦人、用明の子厩戸）に娘達を娶せ、自らの血脈による蘇我系王統の存続を目指した。しかし、孫娘まで動員した婚姻策は、結局は実らなかった。国宝として残片が残る「天寿国繡帳」は、推古の無念の思いが込められた〝蘇我系王統の記念碑〟である。

推古は、三六年間の治世を通じて「三宝興隆」に尽くし、仏法を軸とする国造りを推進した。遣隋使を派遣して約一二〇年ぶりに中国との外交関係を開き、東アジア世界の中に倭国の確かな国際的地位を築こうとした。五世紀までの王たちとは異なり、「倭王」への冊封を求めるのではなく、仏法に帰依する〝天子〟として中国の〝菩薩天子〟（皇帝）と向いあおうとしたのである。

これらの事蹟は、これまではその多くが叔父馬子と甥厩戸（「聖徳太子」）の働きとされ、推古の姿は私たちには見えにくくなっていた。本書では、推古の置かれた客観的立場を明らかにし、一つ一つの事蹟を掘り起こしながらその意義を考えていきたい。『日本書紀』は、編纂時の要請・認識により、厩戸を「皇太子」／「摂政」とし、国政万端を委ねられた存在として描き出している。これらの虚像をとり除き、推古が何をなしたのか、厩戸はそこにどう関わったのかを理解するためには、『日本書紀』の厳密な史料批判が欠かせない。釈迦三尊像光背銘や元興寺縁起・天寿国繡帳など、『書紀』以外の史資料にも成立をめぐる疑念が多々あり、慎重な検討が必要である。

推古という天皇名は、八世紀半ばに付けられた漢風諡号で、『日本書紀』では「豊御食炊屋姫天皇」／「額田部皇女」、『古事記』では「豊御食炊屋比売命」である。本書では、即位前は「額田部」、即位後は「推古」と記すことにする。金石文等にも見える「トヨミケカシキヤヒメ」の意味については、第三章4節（「讃え名「炊屋姫」」）で述べる。

この時代の王族は、『古事記』にあるように男女区別なく「＊＊王」とするのが原則だった。それを『日本書紀』は、七世紀末成立の用法を過去に遡らせて、「＊＊皇子／皇女」に書き換えている。本書では、後世のものである「皇子／皇女」は使わず、実名部分の「＊＊」のみで記し、大王／天皇の子たちを表すには「御子」とした。

「天皇」号についても、七世紀後半の天武朝頃に君主号として確立したとみることで近年の見解はほぼ一致しているが、いつ使われ始めたのかはわからない。本書では、個々の大王／天皇について述べる際には「大王」／「天皇」号は付けず、現在における通称という意味で漢字二字の漢風諡号のみを使う。「天皇」号の始用については、第六章1節（「蘇我系王統の記念碑」）で述べる。

「女帝」は、八世紀初の大宝令にみえる法制史料用語である。それ以前の女の王／大王をさすにはやや異和感があるが、明治以後の女帝可否論議で広く用いられ、現在では学術用語として定着している。本書でも、その意味で「女帝」の語を用いる。

推古の生きた時代は仏教の黎明期である。飛鳥周辺に宮がおかれ、仏教文化が花開いた。古墳造営の最後の段階でもある。寺院・宮殿や関連遺構、古墳・古道の発掘成果により、従来の知見は次々に塗り替えられている。仏像・仏典をめぐる研究の深化、新出の同時代資料である木簡も活用した旧来の史料の見直しなど、参照すべき研究分野は多岐にわたる。できる限りこれらの最新成果にも目配りしつつ、文献史学の立場でそれらを総合し、六〜七世紀の王権の歴史の中に推古を位置づけるよう努めた。

推古について書かれた専著は、おそらく本書が始めてだろう。筆者が参照した主要な文献は、本文内に著者名・論文名／書名を注記し、巻末に出版社・刊行年等の書誌情報を含めて参考文献としてまとめた。関心をもたれた読者には、是非、より一層の探求をすすめていっていただきたい。

推古天皇——遺命に従うのみ　群言を待つべからず

目次

図版写真一覧

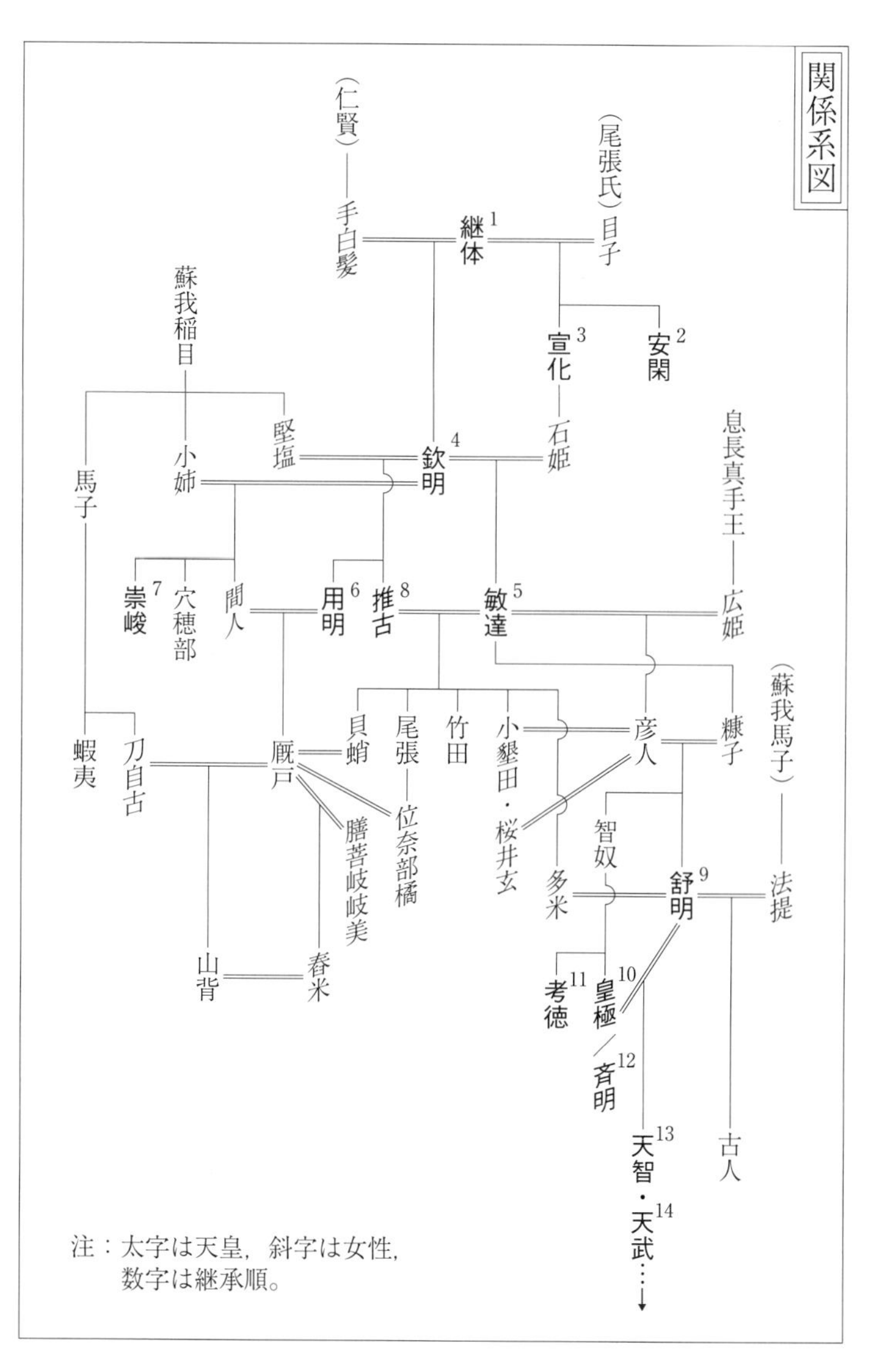
関係系図
（仁賢）
手白髪
継体 1
（尾張氏）目子
安閑 2
宣化 3
石姫
蘇我稲目
堅塩
小姉
欽明 4
馬子
息長真手王
広姫
崇峻 7
穴穂部
間人
用明 6
推古 8
敏達 5
糠子
（蘇我馬子）
蝦夷
刀自古
厩戸
貝蛸
尾張
竹田
小墾田・桜井玄
彦人
膳菩岐岐美
位奈部橘
智奴
多米
舒明 9
法提
山背
春米
考徳 11
皇極 10
斉明 12
天智 13
天武 14
古人
注：太字は天皇，斜字は女性，
数字は継承順。

凡例

・漢字は引用史料においても、原則、常用漢字を用いた。
・訓み下し文は、原則、現代仮名遣いとした。
・数字表記は、引用史料では「十」「二十二」等とし、地の文では「一〇」「二二」とした。
・参考史料の引用／訓み下しに際しては、適宜、公刊史料のルビ・送り仮名を変えたところがある。
・本書での年齢は、原史料にもとづき数え年で記載する。
・年号成立以前の時代であるため、年代表記は「治世年（西暦）」とする。ただし原史料の干支年が重要な場合は、「干支年（西暦、治世年）」とし、空位の動乱時期については、「干支年（西暦）」とした。
・『日本書紀』の紀年については異伝もあるが、原則として『書紀』記載の通り、「欽明元年（五四〇）」等とする。
・引用史料中の〈 〉は史料における分注、（ ）は引用者による注である。

第一章　欽明と蘇我堅塩媛の子として

1　双系系譜の中の「額田部王」

額田部王（のちの推古天皇）は、欽明天皇と蘇我堅塩媛の間に生まれた。『日本書紀』（以下、『書紀』と記す）では欽明二年（五四一）三月の立妃記事に、五人の妃の三番目として堅塩媛とその男女子を記す。額田部（豊御食炊屋姫）は、七男六女の四番目である。

蘇我堅塩媛の子

二年の春三月に、五の妃を納る。（中略）次に蘇我大臣稲目宿祢の女を堅塩媛と曰う。〈堅塩、此をば岐拕志と云う。〉七男・六女を生む。其の一を大兄皇子と曰う。是を橘豊日尊とす。其の二を磐隈皇女と曰う。〈更の名は夢皇女。〉初め伊勢大神に侍え祀る。後に皇子茨城に奸されたるに坐りて解けぬ。其の三を臈嘴鳥皇子と曰う。其の四を豊御食炊屋姫尊と曰う。其の五を椀子皇子と曰う。其の六を大宅皇女と曰う。其の七を石上部皇子と曰う。其の八を山背皇子と曰う。其の九を大伴皇女と曰う。其の十を桜井皇子と曰う。其の十一を肩野皇女と曰う。其の十二を橘本稚皇子と曰う。其の十三を舎人皇女と曰う。

堅塩媛の生んだ七男六女の中で、橘豊日尊（用明）を筆頭とする男女混合の出生順で額田部は四番目である。出生記載は同母子単位であること、その中で男女を区別しない出生順であったことに注意しておきたい。

複数のキサキ

父欽明には、堅塩媛以外にも大勢のキサキがいた。『書紀』によると、欽明即位元年（五四〇）に前王（欽明の異母兄）宣化の娘石姫を「皇后」に、翌年に稚綾姫皇女・日影皇女・蘇我堅塩媛・同小姉君・春日糠子の五人を「妃」に立てたとする。石姫は「長・仲・少」の二男一女、稚綾姫は一男、日影も一男、堅塩は七男六女、小姉は四男一女、糠子は一男一女を生んだので、総計すると欽明の男女子は二五人になる。

『書紀』后妃記事の記載順がキサキの序列を示すとすれば、石姫が筆頭で、堅塩媛は四番目ということになる。ただし、これらキサキたちの名前も出自も、史料の間で異同があり一定しない。『記』『紀』（『古事記』と『日本書紀』の並称。以下同じ）編纂の段階で、このあたりの系譜はあやふやな形でしか伝えられていなかったのである。

そもそもこの頃にはまだ「皇后」の地位・称号は存在せず、キサキ間の序列も不分明だった。それらが制度的に定まるのは、七世紀末から八世紀初にかけてである。七世紀半ば以降の天皇たちはみな、欽明と石姫の間に生まれた敏達（渟中倉太玉敷）の子孫である。『書紀』（養老四年〔七二〇〕成立）は、編纂時点での認識と評価基準によって「皇后」と「妃」の区別をし、石姫を「皇后」、堅塩媛を「妃」の三番目に位置づけたとみるべきだろう。

母堅塩媛のキサキとしてのランクがどの程度だったにせよ、額田部が欽明と蘇我氏の血を受けて生まれたということ、これが彼女の政治的立場を基礎づける出発点となった。

「娶いて生む御子」

額田部の誕生を、今度は『古事記』の欽明系譜記事でみてみよう（右肩の丸数字はキサキの記載順。キサキ毎に繰り返される特徴的な文言「娶生御子」を太字で示した）。

（欽明――引用者注）天皇、檜坰天皇の御子①石比売命と**娶いて、生む御子**は八田王。次に沼名倉太玉敷命。次に笠縫王〈三柱〉。又、其の弟②小石比売命と**娶いて、生む御子**は上王〈一柱〉。又、春日の日爪臣が女、③糠子郎女と**娶いて、生む御子**は春日山田郎女。次に麻呂古王。次に宗賀の倉王〈三柱〉。又、宗賀の稲目宿祢大臣が女、④岐多斯比売と**娶いて、生む御子**は橘之豊日命。次に妹石坰王。次に足取王。次に豊御食炊屋比売命。次に亦、麻呂古王。次に大宅王。次に伊美賀古王。次に山代王。次に妹大伴王。次に桜井の玄王。次に麻奴王。次に橘本之若子王。次に泥杼王〈十三柱〉。又、岐多斯比売の姨、⑤小兄比売と**娶いて、生む御子**は馬木王。次に葛城王。次に間人穴太部王。次に三枝部穴太部王、亦の名は須売伊呂杼。次に長谷部若雀命〈五柱〉。凡そ、此の天皇の御子等は、幷せて廿五王なり。

（大意）

欽明は、宣化（檜坰天皇）の娘石比売との間に、八田王以下、三人の王を儲けた。又、石比売の妹小石比売との間に、上王を儲けた。春日糠子との間に、春日山田郎女以下、三人の王を儲けた。又、蘇我岐多斯比売との間に、用明（橘之豊日）以下、一三人の王を儲けた。又、岐多斯の妹（姨）小兄比売との間に、馬木王以下、五人の王を儲けた。欽明の御子は、全部で二五王である。

『古事記』の系譜記事は、「娶いて生む御子」の文言の繰り返しで、天皇と一人一人のキサキとの婚姻関係を示し、二人の間に生まれた子の名前を書き上げる。『書紀』にはみられない独特の記載様式である。『古事記』の欽明「娶生」系譜を図式化すると、図1のようになる。

「娶」の字の現在の訓みは「メトル」だから、「娶生」はそのまま読めば「メトリて生む」だが、古代の史料では「ミアヒて生む」と訓むべきだろう。

『古事記』の「国生み神話」に、イザナギ（男神）とイザナミ（女神）が出会って、互いに「なんと良い女よ」「なんと良い男よ」と讃めあったあと、「御合して、生める子は＊＊島……」と、次々に島を生んで国土を生成するという場面がある。男女が出会って結ばれ、生まれた子の名前を列挙してい

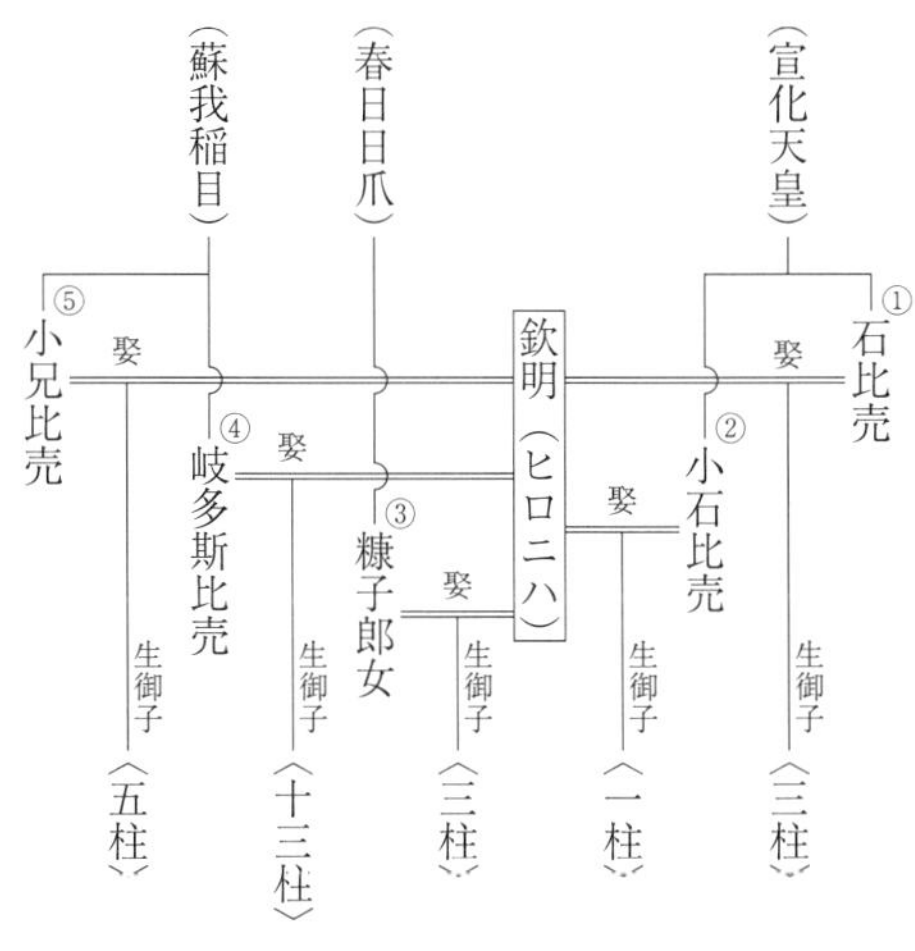

図1　『古事記』の欽明「娶生」系譜（筆者作成）
注：丸数字はキサキの記載順。

く語り方は、父（男）と母（女）が「娶生（御）子＊＊、次＊＊……」として子の名前を列挙していく系譜の様式と共通する。「娶」＝「御合」なので、訓みは「ミアヒ」である。古代の婚姻は嫁取婚ではなく、男女が出会って結ばれ、多くは男の通いから始まる妻問婚だった。漢字としての「娶」の字義は「女を取る」で、この字ができた中国社会の父系嫁取婚にふさわしい。しかし倭社会の婚姻慣行からいうと、「メトル」（女を取る）の訓みは不適切なのである（義江明子「「ミアヒテウム」をめぐって」）。

「娶生子」で父母の名前と所生子を書き上げる様式は、厩戸王（「聖徳太子」）に関わる「天寿国繡帳」銘文系譜も同様である（第六章1節「蘇我系王統の記念碑」）。天武一〇年（六八一）にあたる年紀をもつ「山上碑」（群馬県）にも、「娶生児」で父方母方双方を均等に記す地方豪族の系譜が刻まれている。そもそも古代社会の基層の親族原理は、父系でも母系でもなく双系的なものだった（明石一紀『日本古代の親族構造』、吉田孝「イヘとヤケ」）。双系的な系譜の書き方が七世紀末までは一般的で、『古事記』はその様式で書かれた。『書紀』はそれを立后・立妃記事に組み替え、「娶生」の定型文言をなくし、父系的な方向へと書き換えたのである。

男女の「王」（みこ）

『書紀』とは異なり、『古事記』には「皇后」と「妃」の区別はない。石比売が筆頭に記されることは同じだが、そのあとは、「小石比売—糠子郎女—岐多斯比売—小兄比売」の順で、岐多斯比売（堅塩媛）は春日糠子の次である（表1）。『古事記』の系譜記載は、原則として婚姻順らしい。また、「皇女」「皇子」の書き分けもなく、男女子は区別なく「＊＊王」と「王」号で記される。『書紀』のように男女別で人数を数えあげることもなく、キサキ毎に〈○柱〉で男女子の総計を示し、最後に欽明男女子の総数を「併せて廿五王」とする。生まれた子は、男女を区別しない出生順で記される（この点は『書紀』も同様）。いまでいう、男女混合名簿の方式である。

天皇の子を含む男女の王族を「＊＊王」と、男女共通の「王」号で記すことは、『古事記』の天皇系譜では欽明以降に顕著にみられる。世襲王権の成立（次節）によるのだろう。これは『古事記』だけではなく、七世紀末〜八世紀の木簡でも見られる実際の用法だった。『書紀』でも、皇極三年（六四四）十一月条の蘇我氏の専横を伝える記事の中に、蝦夷・入鹿父子が「男女（おのこごめのこご）を呼びて王子（みこ）と曰う」とある。男女共通の「王」／「王子」に対応する倭語は〝御子（みこ）〟である。

七世紀後半の天武朝に、天皇の子をその他の王族と区別して「皇子」とすることが始まる（虎尾達哉「律令国家と皇親」）。その場合にも、飛鳥池木簡に「大伯皇子（おおくのみこ）」の名があるように、「皇子」（みこ）は男女に共通して使われた。「大伯」は天武の娘で、『書紀』での表記は「大来皇女（おおくのひめみこ）」である。天武朝から持統朝には、男女別の出仕法や禄法が新たに施行され、天皇の子とその他王族との処遇の違いも明確になる。それに対応して、「皇子」／「皇女」と「王」／「女王」の区別と書き分けが始まる。制度的成立は、持統三年（六八九）の飛鳥浄御原令（あすかきよみはらりょう）においてだろう。

ところが『書紀』では、天皇の子は古い時代から「皇子（みこ）」＝男、「皇女（ひめみこ）」＝女である。『書紀』だけを見ていると、あたかも古くから男女「みこ」の区別は明確だったように思えてしまうが、実際は、共通の「王」号で記す『古事記』の用法が本来だった。『書紀』は原史料の「王」を「皇子」「皇女」に書き換え、過去に遡らせたのである。天智紀十年十月条の「大友王（おおとものみこ）」（天智の息子）は、原史料の表記がそのまま残ったまれな例である。

七世紀末以前、男女区別なく「王」（みこ）の尊称で呼ばれていた時代には、男女の「王」の社会的立場・系譜的位置の優劣は乏しかったのではないか。額田部はそのような時代に、欽明の「王」（みこ）の一人として生まれ、行動し、即位するに至ったのである。

同母子単位と「キサキの宮」

六～七世紀当時は通いの別居婚が普通で、キサキたちもそれぞれ大王とは別の宮に住み、別経営だった（三崎裕子「キサキの宮の存在形態について」）。のちの平城京の時代になっても、八世紀末にいたるまで平城宮内にはキサキの居住空間のなかったことが、発掘調査で確認されている（橋本義則「平安宮内裏の成立過程」）。当時、豪族たちの政治支配・農業経営の拠点は、「ヤケ」（宅）と乎ばれた。「ミヤ」（宮）・「ミヤケ」（御宅／屯倉）は、王権のヤケである（前掲、吉田「イヘとヤケ」）。キサキになった女性は、出身氏族のヤケの一つを「キサキの宮」とした。キサキの一

表1　欽明のキサキと御子（筆者作成）

古事記				日本書紀			
キサキ	続柄	御子	備考	キサキ	続柄	御子	備考
石比売命	檜坰天皇（宣化）の女	三柱		皇后＝石姫	宣化の女	二男一女	元年正月条
		八田王				長＝箭田珠勝大兄皇子	
		渟中倉太玉敷命	治天下			仲＝渟中倉珠敷尊（敏達）	
		笠縫王				少＝笠縫皇女／狭田毛皇女	
小石比売命	石比売の弟[注1]	一柱					
		上王					
				妃1＝稚綾姫皇女	皇后の弟*1		二年三月条
						石上皇子	
				妃2＝日影皇女*2	皇后の弟*1		同条
						倉皇子	
糠子郎女	春日日爪臣の女	三柱		妃5＝子	春日日抓臣の女		同条
		春日山田郎女				春日山田皇女	
		麻呂古王				橘麻呂皇子	
		宗賀倉王					
岐多斯比売	宗賀稲目宿祢の女	十三柱		妃3＝堅塩媛	蘇我稲目宿禰の女	七男六女	同条
		橘豊日命	治天下			1＝大兄皇子／橘豊日尊（用明）	

		石垌王				2＝磐隈皇女／夢皇女	
		足取王				3＝臘嘴鳥皇子	
		豊御食炊屋比売命	治天下			4＝豊御食炊屋姫尊（推古）	
		麻呂古王				5＝椀子皇子	
		大宅王				6＝大宅皇女	
		井美賀古王				7＝石上部皇子	
		山代王				8＝山背皇子	
		大伴王				9＝大伴皇女	
		桜井玄王				10＝桜井皇子	
		麻奴王				11＝肩野皇女	
		橘本之若子王				12＝橘本稚皇子	
		泥杼王				13＝舎人皇女	
小兄比賣	岐多斯比賣の姨	五柱		妃4＝小姉君	堅塩媛の同母弟[*1]	四男一女	同条
		馬木王				1＝茨城皇子	
		葛城王				2＝葛城皇子	
		間人穴太部王				3＝泥部穴穂部皇女	異伝錯誤多し
		三枝部穴穂部王／須売伊呂杼				4＝泥部穴穂部皇子／天香子皇子／住迹皇子	
		長谷部若雀命	治天下			5＝泊瀬部皇子（崇峻）	
		併せて廿五王	併せて四王 治天下				

＊1：「弟」は姉からみた妹のこと。

＊2：『書紀』宣化紀では石姫・小石姫・倉稚綾姫の順で、日影はみえない。

族は、（ヤケ↓）「キサキの宮」の経営と「御子」たちの養育を通じて、王権に関わっていくのである。図1をみるとわかるように、『古事記』の「娶生（御）子」系譜では、キサキとその所生子が一つの単位をなしている。同じ宮でともに育つ同母兄弟姉妹の絆は強く、逆に、他のキサキとその所生子とは、住まいを異にし、日常的なつながりは乏しかった。王位継承をめぐっても、同母子単位の長子「大兄」（おおえ）が、他の同母子単位の「大兄」をライバルとして争うことになる。

額田部は、欽明の「中女」だった（推古即位前紀）。堅塩媛を母とする長女の磐隈は、伊勢大神の祭祀につかえたあと茨城（欽明と蘇我小姉君の子）に「奸」され、その職を解かれた（欽明二年〔五四一〕三月条。以下『書紀』については年月日等のみ記す）。そのため次女である額田部が、実質的には堅塩媛所生の「長女」の役割を担うことになったのだろう。兄用明の「橘豊日」は諡号（死後に贈られる名）で、『書紀』では「大兄皇子」である。額田部は「大兄」（用明）とともに、堅塩媛所生の兄弟姉妹を率いていく立場にあった（第二章2節「用明の即位」）。

2　世襲王権の形成と蘇我氏

群臣による継体擁立

額田部の父欽明は、継体（実名はヲホド）と手白香の間に生まれた。手白香は先王仁賢の娘とされる。『書紀』は継体を「応神五世の孫」とするが、実際には勢力を蓄えた地方豪族がヤマトの豪族たちの支持を得て即位したらしい。六世紀初のことである。

『書紀』継体即位前紀の描くところによれば、前王武烈（ぶれつ）が継嗣のないままに死んだ後、「群臣（ぐんしん）」が合議の上、「枝孫（みあなすえ）を妙（くわ）しく簡（えら）ぶに、賢者は唯（ただ）し男大迹（をほど）ならくのみ」（過去の大王たちの子孫の中から選ぶと、賢者はヲホド王だけだ）として、「天子の鏡・剣の璽符（みしるし）」をヲホドに奉呈した。この「璽符」を受けて、ヲホドは即位したのである。

五～七世紀の王権の基本構造として、「群臣が治天下大王を選出し、大王は群臣の地位を任命／確認する」という相互補完的システムが存在した（吉村武彦「古代の王位継承と群臣」）。五世紀末までの倭王は、血縁による継承が自明の原則とはなっていなかった。首長連合の盟主たる地位を実力で勝ち得た者が、他の有力首長たちに王として認められ、即位したのである。五世紀には、王を出すことのできる複数の地域勢力が並立する状況にあった。連合の盟主となったものは中国に遣使し、皇帝から「倭王」の称号を得て王としての地位を確かなものにした。大王権の進展に応じて、文字通りの「共立」から儀礼的な〝群臣推戴〟まで、幅のあるシステムが形成されていった。継体の選出は、こうした従来のシステムにそってなされたのである。

世襲王権の形成

しかし継体以降は子孫による血縁継承がつづき、世襲王権が形成されていく。現在の私たちが『記』『紀』を通じてお馴染みの連綿とした王統譜は、世襲王権成立後に、過去の複数の王系を接続して編み上げられたものである（川口勝康「五世紀の大王と王統譜を探る」）。『書紀』の描く〝王統断絶の危機を乗り越えて遠い傍系から即位した継体〟という構図は、『書紀』の歴史観の産物とみなければならない（義江明子『古代王権論』）。

継体を擁立した群臣は、先王仁賢の娘手白香を「皇后」とするよう要請した。前王系とのつながりを示す上で、継体と手白香の婚姻は重要だった。継体の死後には、尾張氏所生の二人の兄（安閑・宣化）、ついで手白香所生の欽明が即位した。両者の間に争い（内乱）を想定する説もある。

欽明のあとには、母の異なる四人の男女子——敏達・用明・崇峻・推古——が次々に即位した。五世紀にはありえなかった事態である。「聖徳太子」に関わる古系譜を記す『上宮聖徳法王帝説』（以下、『帝説』と記す）は、欽明から推古までの名前をあげて、「右、五天皇は他人を雑うること無く天の下治しめししなり」と特筆する。「無雑他人」とは、欽明を祖とする一つの血統で王位が継承されたことをいう（東野治之「解説」『上宮聖徳法王帝説』）。一つの血統による継承の連続は、当時の人々にとって驚くべき出来事だったのである。逆にいえば、それまでは一つの血統による世襲方式ではなかったことになる。継体の次に異系統の王が擁立される可能性はあった、ということもできよう。

欽明につづく男女子四名の即位という事実の積み重ねによって、結果的に、世襲王権は成立した。中でも推古は、三九歳で即位し七五歳で没するまで三六年の長きにわたって統治し、王権の確立に向けて大きな貢献をなすこととなる。

男女首長から「倭五王」の時代へ

少し時代を遡ってみると、弥生後期から古墳時代前期には、地域の盟主たる大首長も含めて男女の首長がほぼ半々の割合で存在した（今井堯「古墳時代前期における女性の地位」、清家章『古墳時代の埋葬原理と親族構造』）。しかし古墳時代中期以降の五世紀には、小規模墳（つまり小首長）をのぞいて、甲冑を副葬する男性被葬者が圧倒的に多くなる。朝鮮半島南部への軍事介入は戦士を率いる軍事指揮者の権威を高め、上・中級首長の男性化がすすんだとみられる（清家章『卑弥呼と女性首長』）。五世紀の倭王たちは、少しでもランクの高い将軍号を得て朝鮮での軍事支配権を主張しようと、中国への遣使を繰り返した。倭王は同時に、臣下の有力豪族にも下位のランクの将軍号・郡太守などの授与を求めた。中国の官爵秩序を媒介に、倭国内での身分編成がすすむ。このことも首長の男性化を促進した重要な要因だろう。

五世紀末からの新羅の急速な抬頭、高句麗におされた百済の南進により、朝鮮南部は両国に併呑された（『書紀』の描く「任那(みまな)四県割譲」）。新たな渡来人（「今来漢人(いまきのあやひと)」）のもたらした文化と技術を組織化し、六世紀以降、本格的に部民制が形成されていく。五世紀後半の倭王武(ぶ)（雄略(ゆうりゃく)／ワカタケル大王）を最後に「倭五王」の時代は終わり、以後の倭王は、もはや「大将軍倭王」の号を中国皇帝から得ようとはしなかった。国内の支配体制を整え、外交交渉によって朝鮮諸国からの文物の導入確保をはかっていくのである。

世代内継承と年齢・資質

対外関係の変化、世襲王権の成立によって、倭王には五世紀までとは異なる条件・資質がもとめられるようになった。双系的な血統が王選定の重要要件に浮上し、全体的な統括・外交能力が直接的軍事指揮より重視されるようになったのである。六～七世紀の大王たちの即位年齢は、男女ともにほぼ四〇歳以上だった（仁藤敦史『女帝の世紀』）。社会全体の平均寿命は短かったと推定される（七八頁）。それだけに、四〇歳以上にまで生き延びた男女は、生命力も旺盛だったのだろうか。実例をみても、馬子七八歳、推古七五歳、斉明六八歳というように、権力掌握後も長寿を保ち、最後まで現役だった支配者が少なくない。

即位時に三一歳だった欽明は、自分は「幼年く識浅くして」未熟だといって、政務万端に通じた先王キサキに譲ろうとした（欽明即位前紀）。この挿話が史実かどうかは別にして、三一歳の男性は「幼年」で国政を担うには未熟とみなされたこと、一方で熟年の先王キサキは国政に習熟しているとみられたこと、政治から女性を排除する社会通念が乏しかったことは読み取れる。

古代の王位継承が、同世代の実力者による継承が尽くされてのち次世代にうつる「世代内継承」だったことは、これまでも指摘されてきた（大平聡「日本古代王権継承試論」）。近年の研究によると、古代村落においても、ほぼ四〇歳以上の男女をリーダーとみなす年齢秩序が存在したらしい（田中禎昭「古代戸籍と年齢原理」）。世代内継承とは、古代社会の基層の年齢観に根ざす慣行だったのである。この慣行のもと、血統的条件を満たした経験豊富な王族長老が、まず男ついで女の順で、王に選ばれたのである。

本書でこのあと具体的に見ていくように、推古は同世代の兄弟姉妹の中でひときわ勝れた指導力を発揮し、三人の兄弟につづいて、群臣から推戴されて即位した。もし彼女が「倭五王」の時代に生まれていたなら、おそらく王になることはなかったろう。

欽明王統と蘇我氏

双系的親族構造と長老原理において社会の基層と共通の土台にたちながらも、王権には権力としての固有の構造がある。基層社会では父方母方双方の親族関係による支えは生存の基盤だが、王位継承では、キョウダイ・イトコ等の身近な人間こそが、激しく対立抗争するライバルとなる。大伴・蘇我といった氏族も、婚姻で王権と結びつき、血縁でつながる御子を擁立することで勢力確立をめざす。族長位の継承次第を示す系譜（五世紀後半の稲荷山鉄剣銘文など）に加えて、双系的血縁関係を明示する系譜が新たに作成され始めるのも、世襲王権が成立する六世紀半ば頃からと推定される（義江明子「系譜類型と「祖の子」「生の子」」）。婚姻と血統でつながる社会集団としての王族は、六〜七世紀に形成されていくのである（遠山美都男「「上宮王家」論」）。

欽明王統の成立には、蘇我稲目の力が大きな意味をもった。蘇我氏は、石川宿祢を祖として満智（まんち）―韓子（からこ）―高麗（こま）―稲目（いなめ）とつづくとするが、高麗以前は実在性に乏しい。同族の多くも稲目以後の分かれであり、実質的には稲目以降に急速に抬頭した新興氏族とみられる（黛弘道「ソガおよびソガ氏に関する一考察」、加藤謙吉『蘇我氏と大和王権』）。欽明は三〇数年の長きにわたって在位し、稲目との強い絆のもと王権を確立した。稲目も欽明王統と結びつくことで、一族の急速な勢力拡大を実現したのである。

欽明の二五名の御子のなかで即位したのは四名、そのうち敏達（びだつ）の母石姫は宣化（欽明の異母兄）の娘で、蘇我氏の血はひいていない。対して、用明・推古の母と崇峻（すしゅん）の母は蘇我稲目の娘で同母姉妹であり、この三名はいわゆる蘇我系御子にあたる。崇峻の兄穴穂部（あなほべ）も、敗れて滅びたとはいえ、用明後の継承争いに名乗りをあげた有力御子だった。間人（はしひと）は同じ蘇我系の用明と、額田部（ぬかたべ）（推古）は非蘇我系の敏達と異母兄妹婚をしたので、稲目の血統は欽明の子世代以降の王位継承にも、大きな影響を及ぼすこととなった（図2）。

世襲王権は、蘇我氏の強力な支えのもと、欽明と稲目の子孫よりなる王統として、まずは成立した

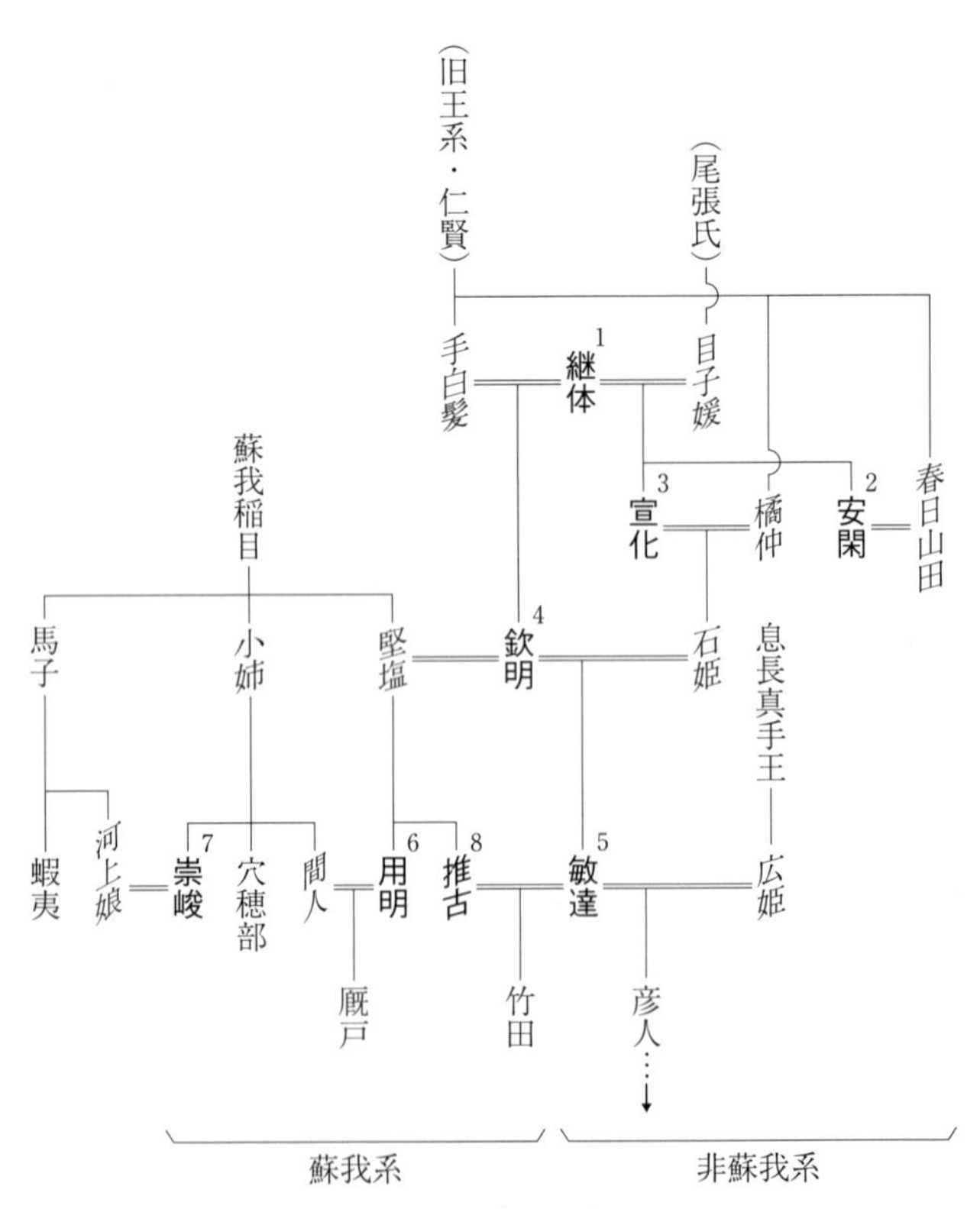

図２　欽明王統と蘇我氏（筆者作成）

注：太字は天皇，斜字は女性，数字は王位継承順。

のである。両者がわかちがたく結びつく当時の双系的血統観は、厩戸（うまやど）にかかわる「天寿国繡帳」銘文系譜に、鮮明にみてとることができる（第六章1節「蘇我系王統の記念碑」）。

蘇我氏は新たな渡来人を配下に組織し、屯倉制・部民制・国造制といったヤマト王権の支配体制の確立にも深く関わった。『書紀』はこれらの成立を古い時代のこととして描いているが、現在では、六世紀に制度的に展開するとの見方が主流である。屯倉は国造による貢納の拠点で、西日本では、磐井（いわい）の乱（『書紀』継体二十一年〔五二七〕～二十二年〔五二八〕）平定後の、磐井の子による糟屋屯倉（かすやのみやけ）献上が、屯倉制拡大の契機となった。国造制成立の画期もここにあるとみられる（森公章「国造制と屯倉制」）。蘇我稲目は吉備（きび）の白猪屯倉（しらいのみやけ）を設定し、同屯倉では渡来人を登用して先進的な経営が行われた（欽明十六年〔五五五〕七月条、同三十年〔五六九〕正月条）。

部名の「王」（みこ）

蘇我氏が部民制の定着に関与したことは、「額田部王」という推古の実名にもうかがうことができる。「＊＊部王」という部名王名は、蘇我系の欽明御子や厩戸の子たちに多くみられ、それ以前にはない特徴的なタイプの王名である。『記』『紀』で王名／表記には異同があるが、蘇我堅塩・小姉姉妹を母とする部名の御子として、額田部王（推古）の他に、石上部王（いそのかみべ）・穴穂部間人王（あなほべのはしひと）・穴穂部王・泊瀬部王（はつせべ）（崇峻）等が知られる。これらの王は、それぞれ額田部・穴穂部といった部（物資・労役の貢納奉仕を行う集団）の領有／統括と何らかの関わりがあったと推定される。

「額田部」という部は、全国的に設定されたらしい。額田部臣（ぬかたべのおみ）・額田部直（あたい）・額田部君（きみ）・額田部首（おびと）

といった氏姓は、地方で額田部の管掌にあたった豪族の存在を示すものだろう。島根県松江市の岡田山一号墳出土の大刀銘に「額田部臣□□□□大利□」とあるのは、出雲国にいた「額田部臣」の実例である。大刀の制作は六世紀半ば頃と考えられる。

『書紀』は部や氏姓を古くからの制度として描いているが、現時点ではこの「額田部臣」大刀銘が、「＊＊部」およびウヂ（氏）・カバネ（姓）の存在を示す確実な初見史料である。出雲国内には「額田部」姓が多く、岡田山一号墳は出雲国造の本拠地意宇郡にある。「額田部臣」は、「臣」のカバネで共通する出雲の国造級豪族（出雲臣）の一族が、額田部という「部」の現地管掌者となり、「額田部臣」を氏姓としたものだろう（岸俊男「「額田部臣」と倭屯田」）。

中央における額田部の管掌者としては、「額田部連」が想定できる。額田部連の史料的初見は欽明二十二年（五六二）是歳条で、新羅からの使者を難波で接待した「掌客」としてみえる。のちに額田部連氏は天武一三年（六八四）の八色姓で宿祢に改姓され、奈良時代から平安時代以降も存続するが、もっとも顕著な活躍がみられるのは推古の時代である（第四章3節「裴世清を迎えて」）。額田部王（推古）の誕生は欽明一五年（五五四）なので、額田部連の政治舞台への登場はその数年後ということになる。憶測もまじえて図式的に整理すると、額田部連は全国に分布する額田部の統括者として、地方で額田部の管掌にあたる豪族を統属関係に組み込み、額田部王にその幼少期から奉仕したのだろう。そして、彼女の即位にともなって政治的地歩を高めていった、とみておきたい。

各地の国造級豪族の一族男女は「トモ」（舎人・膳・采女など）として王族の宮に出仕し、豪族配下の民が「べ」として必要な物資を貢納した。この体制は、「額田部王」についても同様だったのだろう。欽明子孫の蘇我系御子たちに特徴的にみられる部名王名は、部民制整備の画期が六世紀前半の欽明朝にあること、そこに蘇我氏の関与があったことを示唆する。

「王」名部の設定

ところで、飛鳥石神遺跡出土の七世紀末頃の木簡に、「建王部」「建公部」「蝮王部」「蝮公部」と記載された荷札木簡がある。藤原宮跡出土木簡には、「雀王部」の里名を記したものもある。これらはそれぞれ、ワカタケル（雄略）、タジヒ（反正）、オオサザキ（仁徳）／ワカサザキ（武烈）の王名にちなむ部だろう（古市晃「王名サザキについて」）。いずれも五世紀の倭王たちの名である。木簡の「王」は「公」と通用して使われているから、対応する倭語は「キミ」である。『隋書』倭国伝に記す、七世紀初頭の「阿輩雞弥」（倭王）「雞弥」（王妻）とも共通する（第四章2節「遣隋使派遣」）。普遍的倭語の一つといえよう。

これらの木簡は、七世紀末の時点で、五世紀の「王」名を負う部が諸国に実在し、王宮への貢納がなされていたことを示す。ただしそれは、五世紀当時にこれらの王と王宮が存在し奉仕のための部が設定されたことを、史実として裏づけるものではない。逆である。六世紀以降の部による貢納システムの確立、宮と一体となった王族家産の子孫による伝領を土台に、王統譜の作成とも連動しながら、五世紀の王名に託した部の設定があとからなされた、とみなければならない（鈴木靖民「反正天皇雄考」）。「王」名部を設定することによって、それら五世紀の倭王の実在が〝史実〟となり、記紀の王統譜に文字として定着した。

名づけられたモノを設定して〝史実〟を創出するという構造は、古い伝承世界だけのことではない。平安時代初期、桓武天皇の皇太弟早良親王は、謀反の疑いをかけられ非業の死をとげた。その後、崇りがあいついだため、延暦一九年（八〇〇）に「崇道天皇」号を追尊された。さらに延暦二四年（八〇五）には、諸国に命じて崇道天皇の為に郡別に小倉を建て、正税四〇束を納めさせた（『日本後紀』同年正月～四月、『類聚三代格』巻一二承和九年（八四二）二月二五日官符）。「崇道天皇御稲倉」と名づけられた小さい倉が現実に存在することで、早良は「天皇」だったとする〝史実〟が人々の意識に定着させられていくのである（前掲、義江『古代王権論』）。

私部と壬生部

話を額田部の時代にもどそう。敏達六年（五七七）二月、「私部」が設けられた。個別の氏族名・宮名等にちなむ「＊＊部」ではなく、「キサキ」のための部である。

かつては、前年の額田部立后記事を受けて、「大后制」の成立と関連づける理解が一般だった。しかしその後、大后以外のキサキにも「私部」は設置されたことが明らかにされた（土田可奈「私部の設置と意義」）。「私部」設置の意義は、それまでは出身氏族に依存していたキサキと所生御子の資養が、公的な資養制度に組み込まれた点にあろう。これによって、キサキの地位は公的なものとなった（遠藤みどり「令制キサキ制度の基礎的研究」）。

このことを氏族・王族の側からとらえ直すと、キサキを出すことによって、自己のヤケ（→キサキの宮）の家産運営機構が、王権を分掌する機関の一つとしても位置づけられたことになる。以後、キサキの宮を拠点として、王権と密着した氏族・王族の勢力はさらに安定的に増大していく。

キサキの宮から独立した有力御子に対しては、のちに「壬生部」（推古十五年〔六〇七〕二月条）が設定された。これも「私部」と同様の意義を持つといって良い。厩戸が斑鳩の地に築いた「上宮王家」の有する「乳部」は、世代を超えて重要な家産として受け継がれた。厩戸の死後は、その長女で、山背と異母キョウダイ婚をした舂米＝「上宮大娘姫王」が管理していたらしい（皇極元年〔六四二〕是歳条）。

「額田部」にせよ「私部」にせよ、額田部王にとっては、自分の手足となって奉仕する豪族たちとの密接な関係が、「部」の領有を通じて築かれていくことになる。統治機構の未熟な当時において、豪族たちとの人格的関係は何にもまして重要な政治基盤である。世襲王権の成立は王族集団を生みだし、王族家産を形成／伝領する拠点としての「宮」（ヤケ）の重要性を高めていく。双系的親族原理のもと、血統的権威や家産・ヤケは父母から男女子に伝えられた。こうした社会にあって、王族内の近親婚はきわめて重要な政治的選択としての意味を持つことになる。次節では、それをみていこう。

3　異母兄敏達との婚姻

異母兄のキサキに

額田部は、一八歳で異母兄敏達のキサキとなった。推古即位前紀には「年十八歳にして、立ちて渟中倉太玉敷天皇の皇后となる」とある。推古は欽明一五年（五五四）の生まれだから、一八歳は欽明三二年（五七一）にあたる。敏達は治世一四年目の五八五年に四八歳で没したから、逆算すると婚姻時には三四歳である。ただし『古事記』の記す没年は「甲辰年」（五八四）で、これは敏達一三年にあたり、『書紀』とは異なる。四八歳という没年齢も、室町期成立の史料（『本朝皇胤紹運録』。以下『紹運録』と記す）によるものである。天皇もふくめて、この時代の王族の系譜史料には矛盾が少なくない。本書での死没年や婚姻年も不確かな推定にすぎないことを、あらかじめお断りしておきたい。

敏達の即位は五七二年なので、婚姻時の額田部は「皇后」ではない。『書紀』の敏達后妃記事では、敏達四年（五七五）正月条に「皇后」広姫、「夫人」老女子・「采女」菟名子とそれぞれの所生子、同年十一月条に広姫が亡くなったこと、翌五年三月条に額田部（豊御食炊屋姫）を「皇后」に立てたことを記す。

四年正月甲子（九日）条

息長真手王の女広姫を立てて皇后とす。是、一男・二女を生めり。其の一を押坂彦人大兄皇子と曰う。〈更の名は麻呂古皇子。〉其の二を逆登皇女と曰う。其の三を菟道磯津貝皇女と曰う。

同年是月条

一の夫人を立つ。春日臣仲君の女を老女子夫人と曰う。〈更の名は薬君娘。〉三男・一女を生めり。其の一を難波皇子と曰う。其の二を春日皇子と曰う。其の三を桑田皇女と曰う。其の四を大派皇子と曰う。次に采女、伊勢大鹿首小熊の女を菟名子夫人と曰う。太姫皇女〈更の名は桜井皇女。〉と糠手姫皇女〈更の名は田村皇女。〉とを生めり。

同年十一月条

皇后広姫薨ぬ。

五年三月戊子（十日）条

有司、皇后を立てんことを請す。詔して豊御食炊屋姫尊を立てて皇后とす。是、二男・五女を生めり。其の一を菟道貝鮹皇女と曰う。〈更の名は菟道磯津貝皇女。〉是、東宮聖徳に嫁す。其の二を竹田皇子と曰う。其の三を小墾田皇女と曰う。是、彦人大兄皇子に嫁す。其の四を鸕鶿守皇女と曰う。〈更の名は軽守皇女。〉其の五を尾張皇子と曰う。其の六を田眼皇女と曰う。是、息長足日広額天皇に嫁す。其の七を桜井弓張皇女と曰う。

広姫死去の時点で敏達との間には一男三女があったのだから、二人の婚姻は敏達四年（五七五）以前である。他の「夫人」等も同様で、即位以前からいたキサキも含めて『書紀』編纂の時点で「皇后」と「夫人」等に書き分け、広姫を「皇后」に設定する必要があったため、額田部はその死をうけて立后、という流れにしたのだろう。『書紀』に「十八歳で皇后となった」とあるのは、実際の婚姻年齢と、「皇后」という編纂時の設定をミックスした叙述ということになる。

すでに述べたように、皇后の地位と称号が定まるのは七世紀末である。妃・夫人・嬪のキサキ序列は、八世紀初の大宝令において定まった（前掲、遠藤「令制キサキ制度の基礎的研究」）。敏達治世当時の六世紀には、明確なキサキ序列はない。『古事記』は「比売命」と「郎女」、『書紀』は「姫」／「姫尊」と「夫人」という尊称の書き分けで、キサキたちを王族女性と豪族女性の二グループに区別していることはみてとれる。

額田部と広姫

広姫が生んだ「押坂彦人大兄」は、七世紀半ば以降の皇統の出発点になる舒明の父である。『書紀』が広姫を「皇后」とするのはそのためだろう。『古事記』は推古までの大王とその御子たち（欽明孫世代）までの系譜を記して叙述を終えるが、例外的に敏達系譜の末尾に「日子人太子」の系譜（三五頁）が挿入されている。これも同様の事情が背景に想定できよう。『古事記』の記載順では、豊御食炊屋姫（額田部）が筆頭で比呂比売（広姫）は三番目である（図3）。

（敏達――引用者注）天皇、庶妹①豊御食炊屋比売命と娶いて、生みし御子は静貝王、亦の名は貝鮹王。次に竹田王、亦の名は小貝王。次に小治田王。次に葛城王。次に宇毛理王。次小張王。次に多米王。次に桜井玄王。〈八柱〉。又、伊勢大鹿首の女、②小熊子郎女と娶いて、生みし御子は布斗比売命。次宝王、又の名は糠代比売王。〈二柱〉。又、息長真手王の女、③比呂比売命と娶いて、生みし御子は忍坂日子人太子、又の名は麻呂古王。次に坂騰王。次に宇遅王。〈三柱〉。又、④春日中若子の女、老女子郎女と娶いて、生みし御子は難波王。次に桑田王。次春日王。次大俣王。〈四柱〉。此の天皇の御子等、幷せて十七王注なり。〈甲辰の年の四月六日に崩りぬ〉。御陵は川内の科長にあり。

注：この間に「日子人太子」の系譜が挿入されている。

（大意）

敏達天皇は、異母妹である炊屋比売との間に、静貝王以下、八人の王を儲けた。又、伊勢小熊子との間に、布斗比売以下、二人の王を儲けた。又、比呂比売との間に、日子人太子以下、三人の王を儲けた。春日老女子との間に、難波王以下、四人の王を儲けた。敏達天皇の御子は、全部で一七王である。

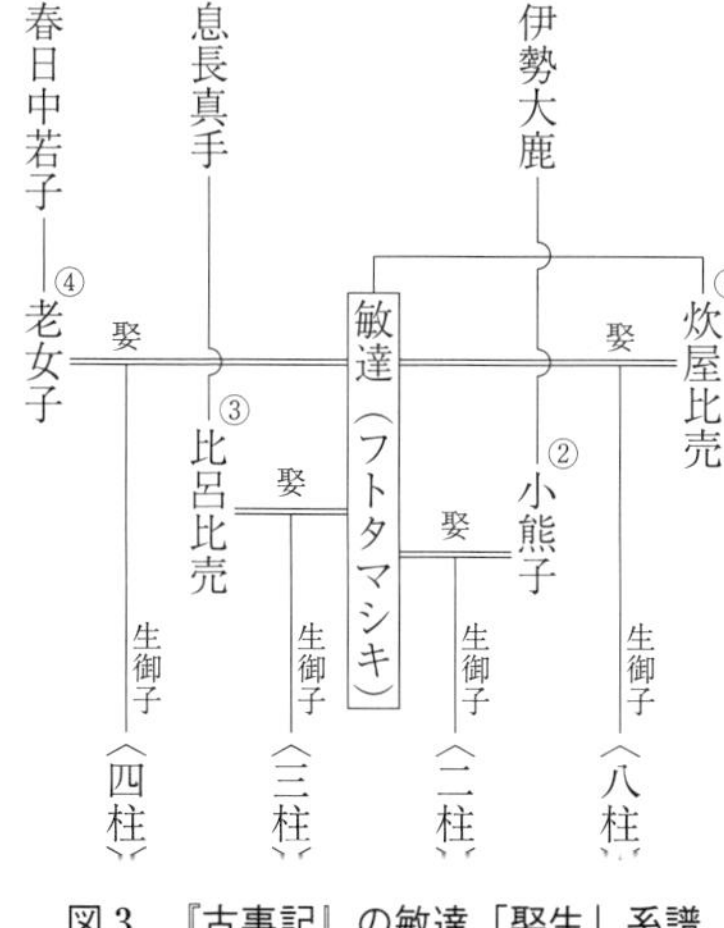

図3　『古事記』の敏達「娶生」系譜

注：丸数字はキサキの記載順。（筆者作成）

広姫所生の第一子彦人は、額田部所生の第二子竹田のやや年長だったらしい。広姫は早世したために一男二女の計三名、炊屋姫は敏達が死去するまでの十数年間に二男五女の計七名を生んだ（『古事記』では「八柱」だが、葛城王は『書紀』には名前が見えない）（表2）。生前の広姫と額田部は、キサキとしての優劣はほとんどなかったとみておくのが妥当だろう。敏達の御子たち男女「十七王」の中では、広姫所生子と額田部所生子が主要な同母子単位として並存し、次代以降の王位継承

表2　敏達のキサキと御子（筆者作成）

古事記				日本書紀			
キサキ	続柄	御子	備考	キサキ	続柄	御子	備考
豊御食炊屋比売命	敏達の庶妹	八柱		皇后2＝豊御食炊屋姫尊		二男五女	五年三月条
		静貝王／貝蛸王				1＝菟道貝蛸皇女／菟道磯津貝皇女	東宮聖徳に嫁す
		竹田王／小貝王				2＝竹田皇子	
		小治田王				3＝小墾田皇女	彦人大兄に嫁す
		葛城王					
		宇毛理王				4＝鸕鶿守皇女／軽守皇女	
		小張王				5＝尾張皇子	
		多米王				6＝田眼皇女	舒明に嫁す
		桜井玄王	日子人に娶す*			7＝桜井弓張皇女	
小熊子郎女	伊勢大鹿首の女	二柱		采女＝菟名子夫人	伊勢大鹿首小熊の女		四年正月是月条
		布斗比売命				太姫皇女／桜井皇女	

		宝王／糠代比売王／田村王＊	日子人に娶す＊〔舒明母〕			糠手姫皇女／田村皇女	
比呂比売命	息長真手王の女	三柱		皇后1＝広姫	息長真手王の女	一男二女	四年正月条（四年十一月死）
		忍坂日子人太子／麻呂古王				1＝押坂彦人大兄皇子／麻呂古皇子	
		坂騰王				2＝坂登皇女	
		宇遅王				3＝菟道磯津貝皇女	
老女子郎女	春日中若子の女	四柱		夫人＝老女子夫人／薬子娘	春日臣中君の女	三男一女	四年正月是月条
		難波王				1＝難波皇子	
		桑田王				3＝桑田皇女	
		春日王				2＝春日皇子	
		大俣王				4＝大派皇子	
		併せて十七王					

＊：敏達御子のあとに挿入記載された〝日子人系譜〟による。

にからんで行くことになる。両者を代表する男の御子が、彦人（日子人）と竹田である。

異母兄との婚姻は、当時においては特にめずらしいことではない。六〜七世紀の大王とその周辺の王族は、極端な近親婚を何世代にもわたってくりかえした。敏達と推古、用明と間人は、ともに同父（欽明）異母兄妹婚である。異母とはいっても、推古・用明の母と間人の母は同母姉妹（蘇我稲目の娘）だから、血のつながりは父方母方双方を通じてきわめて濃い。

王族近親婚の背景

双系的社会では、財産は父方母方双方から男女子に均等に伝えるのが原則だった。政治的権威・社会的地位も、父方とともに母方からの継承も重要だった。部民制・国造制といった制度が整い、政治的支配／従属関係の深化がすすむ六世紀以降、支配層の最上層部に権威・財が集中しはじめる。そうした中でまず王権周辺で近親婚が集中的に行われ、権威・財の分散を防ぎつつ、核となる複数の王系が形成されていくのである（義江明子「系譜様式論からみた大王と氏」）。王族の近親婚は、八〜九世紀にも引きつづき行われた。

近親婚により世襲王権の血統的権威／神聖性がたかまったことは確かだが、その面だけをみては誤る。大伴氏・藤原氏といった有力氏族の内部でも、七世紀後半から八世紀にかけてはしきりに近親婚が行われた（西野悠紀子「律令体制下の氏族と近親婚」）。国家体制の整うこの時期には、国家機構上の地位に応じて上級官人に勢威と財が集積され始める。すると、一族内部で身近な近親婚を行い、政治的権威を結集する核を形成しようとするのである。藤原不比等（ふひと）の四子はそれぞれ上級官人となり「北家」「南家」等に分かれると、今度はその「家」内部で近親婚を行い始める。高位の女官となった橘三千代の場合は、母の政治的勢威と財を継承するために息子の諸兄が「橘氏」を創始し、同母異父妹婚をしている（義江明子『県犬養橘三千代』）。支配層における近親婚の本質が、双系社会での政治的結集にあったことをよく示す例といえよう。

非蘇我系との結節点

図2「欽明王統と蘇我氏」（一六頁）を見るとわかるように、額田部と敏達の異母兄妹婚は、欽明の子世代において蘇我系と非蘇我系をつなぐ意味をもってい る。間人と用明との異母兄妹婚はこれとは異なり、蘇我系内部の結束を固める意味をもつ。もちろん二人の婚姻はどちらも、父欽明と祖父稲目の意向をふまえてのものだろう。額田部と間人は、婚姻を通じて姉妹で異なる役割を果たすことを求められたといえようか。

このようにみれば、間人の再婚も理解しやすい。間人は用明の死後、用明の子田目と継母子婚をした。継母子婚というと異様に聞こえるが、田目の母は蘇我稲目の娘石寸名だから、二人は稲目の孫という意味では同世代のイトコである。再婚においても間人は、蘇我系内部を固める近親婚をくり返したことになる（図6「蘇我系御子の内婚と『大兄』「イロド」」四八頁）。

本書でこのあとみていくように、推古は敏達との間に儲けた多数の娘（孫娘も）を、彦人と厩戸に配している。自らの政治的選択として、非蘇我系と蘇我系双方に目配りしつつ次世代以降に血脈をつなげようとしたのである（第五章1節「亀裂の萌芽」）。

第二章　政争の渦中へ

1　敏達の死

「訳語田幸玉宮」と「百済大井宮」

治世一四年（五八五）の八月、敏達は病で亡くなり殯宮が「広瀬」に起てられた。殯宮（もがりのみや）は、埋葬まで遺体を安置し誄（しのびごと）など種々の喪葬儀礼を行う場である。

『古事記』は、敏達の死を庚辰年（五八四）四月とするので、『書紀』とは一年余のズレがある。ただし「天下を治すこと十四歳」なので、治世の年数は一致している。このあとも推古の即位（『書紀』によれば壬子年（五九二）十二月）まで、用明・崇峻それぞれの即位と死をめぐっては様々に異伝がある。通常は天皇一代で一巻とする『書紀』が、用明と崇峻をあわせて巻二十一の一巻とするのも異例で、用明・崇峻の即位を疑う説もある。その当否はともかくとして、敏達没後の数年間に、キョウダイ（兄弟姉妹の総称、以下同様）の間で熾烈な継承争いが繰り広げられたことは疑いない。この争いに額田部は叔父蘇我馬子とともに主導的に関わり、最終的な勝者となっていく。

敏達が主宮としたのは、「他田宮に坐して天下を治らす」（用明元年（五八六）五月条）、『古事記』に「訳語田天皇」とあるように、敏達四年（五七五）造営の「訳語田幸玉宮」である。しかし即位直後につくられたのは、「百済大井宮」（敏達元年（五七二）四月条）である。従来は殯宮が起てられた「広瀬」の近く、広瀬郡百済郷（現北葛城郡広陵町付近）をその所在地とみてきた。しかしこの想定は、吉備池廃寺の発掘により見直されることになる。

吉備池廃寺は桜井市吉備にあり、一九九七年の発掘で巨大な金堂と塔の基壇が確認された。現在ではこれが、舒明十一年（六三九）七月条に「今年、大宮及び大寺を造作らしむ。（中略）百済川の側を以て宮処とす」、同年十二月是月条に「百済川の側に、九重の塔を建つ」と記された「百済大寺」の跡であることが、確実視されている。舒明は彦人大兄の子で、敏達の孫にあたる。吉備池廃寺＝百済大寺の一帯（「百済川の側」）が古代に「百済」と呼ばれた地域であったとすれば、敏達の「百済大井宮」も、孫舒明の「百済大宮」（「百済大寺」の付近と推定されるが、遺構は未確認）の下層に眠る可能性が出てきたのである（奈良文化財研究所『大和吉備池廃寺』）。

一方、敏達の「訳語田幸玉宮」は、『日本霊異記』（以下、『霊異記』と記す）上巻第十三話に「磐余訳語田宮」とあり、「磐余」地域にあったことがわかる。「磐余」は、「磐余稚桜宮」（神功皇后・履中）、「磐余甕栗宮」（清寧）、「磐余玉穂宮」（継体）、「磐余池辺双槻宮」（用明）と、伝承も含めて多くの王宮が営まれた場所である。

「磐余」の諸宮

近年の研究によれば、「磐余」の範囲は上ツ道と横大路の交点を中心に、現在の戒重（敏達の磐余訳語田宮所在か）から磐余山口神社（用明の磐余池辺双槻宮所在か）までを含む一帯であったらしい。この交点は、『万葉集』二九五一・三一〇一番に「海石榴市の八十の衢／街」と詠われた交通の要衝である。「海石榴市」の場所はこれまで三輪山の南西麓、初瀬川右岸の桜井市金屋付近とされてきたが、それは長谷寺参詣が盛行する平安期以降の史料をおもな根拠としていて、六世紀当時の交通路とは異なる可能性が高い（渡里恒信「磐余池と海石榴市」）。

「海石榴市」推定地は敏達「訳語田宮」推定地の東南方、用明の「池辺双槻宮」推定地の北方にあたる。敏達のキサキとなった額田部の『海石榴市宮」も、「市」の近くにあったのだろう。交通至便の場所に設けられた「キサキの宮」で、「別業」（経営の拠点）だった（用明元年〔五八六〕五月条）。

敏達と広姫の間に生まれた彦人の墓は、広瀬郡にあった（『延喜式』巻二十一玄蕃寮諸陵寮式所載の「成相墓」。以下、『延喜式』所載陵墓名の引用には『延喜式』とのみ記す）。

他方で、彦人の「水派宮」（用明二年〔五八七〕四月条）は、「水派邑」（武烈三年十一月条）の所伝とも考え合わせると、敏達「訳語田宮」の所在地と推定される桜井市戒重の東、粟原川と寺川の合流点付近である可能性が高い（渡里恒信「城上宮について」）。敏達死去前後においては、「磐余」一帯（図4）に敏達、広姫所生の彦人、そして用明と額田部姉弟のそれぞれの宮もおかれていたのである。

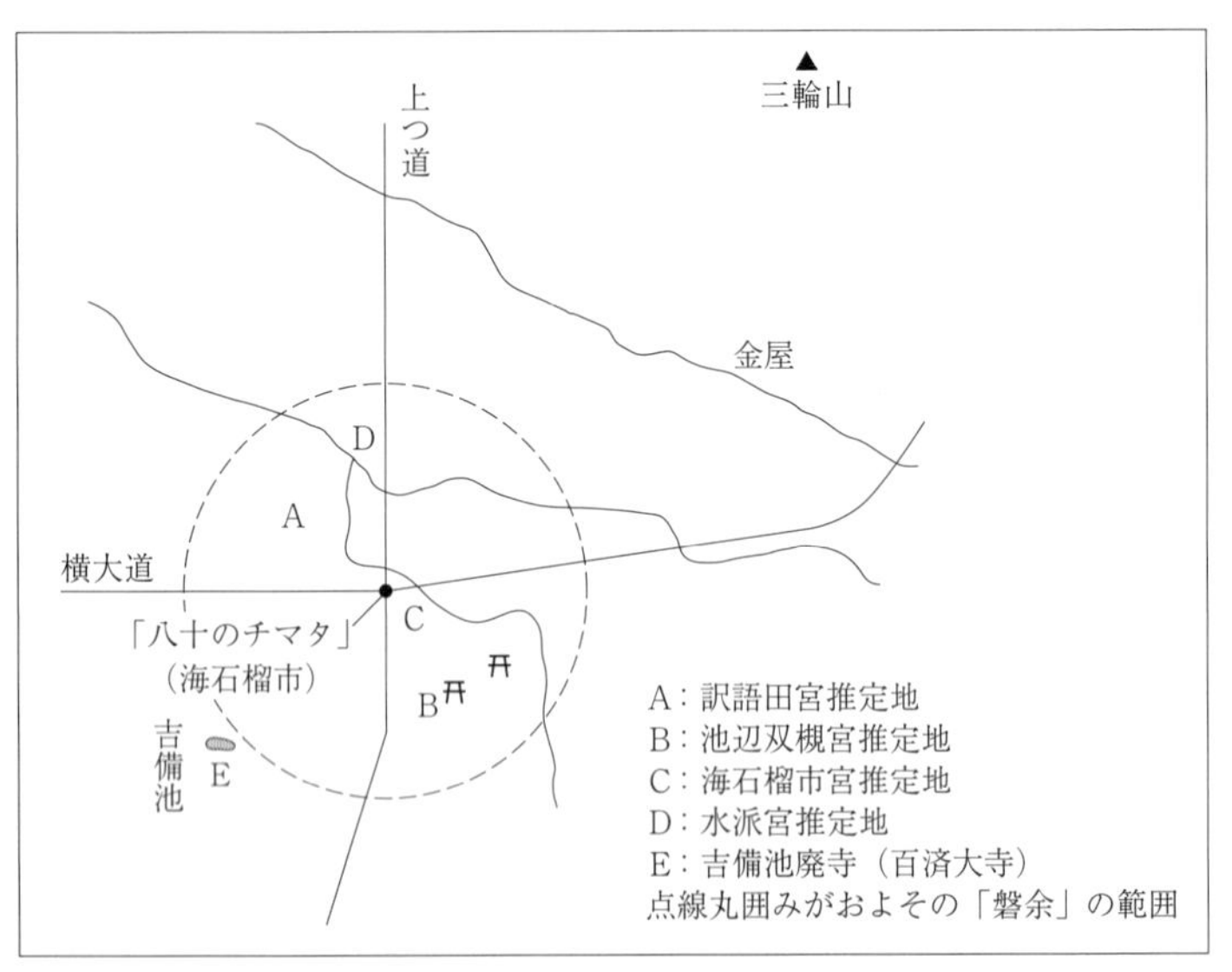

図4　「磐余」の諸宮

（渡里恒信（2008）『日本古代の伝承と歴史』（思文閣出版）の所説をもとに174頁所載図「磐余の範域」にＡ～Ｅを筆者加筆）

〝日子人系譜〟の挿入

『古事記』で何らかの物語記事があるのは継体までで、安閑以降は原則として宮名と系譜・陵名などだけが記され、推古で終わる。その中で例外的に、敏達系譜（二五頁参照）では、「併せて十七王なり」と敏達御子の総数を記したあと、敏達の崩年・陵記載との間に、次のような〝日子人系譜〟が挿入されている。これにより、日子人（彦人）の子が即位して岡本宮治天下天皇（舒明）となったことと、そのキサキ・子（七王）、つまり敏達の孫世代までが示されるのである。

（十七王の――引用者注）中に、日子人太子、庶妹田村王、亦の名は糠代比売命と娶いて、生みし御子、岡本宮に坐して天の下治しめしし天皇。次に中津王。次に多良王。〈三柱〉。又、漢王の妹大俣王と娶いて、生みし御子は智奴王。次に妹桑田王。〈二柱〉。又、庶妹玄王と娶いて、生みし御子は山代王。次に笠縫王。〈二柱〉。幷せて七王。

敏達系譜の本文では「糠代比売王」である舒明母が、「糠手比売命」と「命」の尊称を付されることにも明らかなように、〝日子人系譜〟の挿入は、舒明子孫（舒明キサキで日子人の孫でもある皇極を経て、天智・天武以降の皇統につながる）の側の認識にたってなされている。ここに名前のみえる「智奴王」が皇極の父である（皇極即位前紀）。

彦人をめぐる内婚

敏達死去時点での現キサキ額田部は、蘇我系と非蘇我系をつなぐ重要な位置にあった（図2「欽明王統と蘇我氏」一六頁）。それだけではない。『記』『紀』で記載に出入りがあるが、敏達の御子たち相互の近親婚（表2「敏達のキサキと御子」備考欄、二六〜二七頁）をみると、額田部が積極的に彦人系との結合につとめていることがわかる。彦人には小墾田と桜井弓張（玄）、彦人の子の舒明には田眼と、五人の女子のうち三人までを彦人系のキサキとしているのである（図5）。

彦人の側からみると、名前の知られるキサキ四人のうち三人（糠手・小墾田・桜井弓張）が異母姉妹で、敏達子孫の血統を集約する婚姻を重ねていることがわかる。四名のうち二名（糠手と大俣）は非蘇我系キサキである。

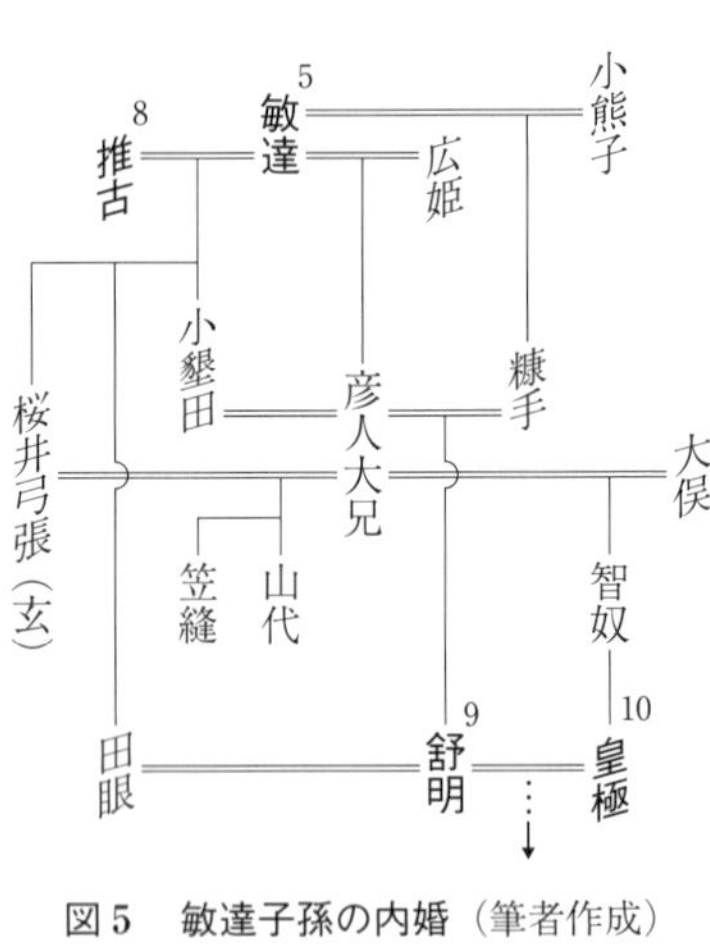

図５　敏達子孫の内婚（筆者作成）
注：太字は天皇，斜字は女性，数字は王位継承順。

物部守屋が滅された丁未年（五八七）時点で彦人は一〇代後半であり、息子舒明の誕生年からみて推古即位後数年は生存していたと推定される（薗田香融「皇祖大兄御名入部について」）。額田部と敏達の婚姻が、欽明子世代における蘇我系と非蘇我系の結節点としての意味を持つとすれば、その路線の延長上にある彦人・舒明と額田部所生子との婚姻は、自らの立ち位置を自覚する額田部自身の意図によるとみてよいのではないか。一八歳での敏達との婚姻は、まわりの意向に従っただけだったかもしれない。しかしその後、キサキとして過ごした一五年間に政治的なバランス感覚を身につけ、敏達死後には独自の判断にもとづく子女婚姻策を展開していったとみておきたい（第五章1節「亀裂の萌芽」）。

結果的には、複数の子女を彦人系に配した額田部の意図は実らず、皇極の子孫に七世紀半ば以降の王統は独占されていく。しかし敏達死去直後の時点でみれば、額田部は欽明子世代における女性長老であり、かつ敏達キサキ中の最有力者として、強い発言権を行使できる立場にあった。

母石姫との同葬

崇峻四年（五九二）四月に、敏達は河内の磯長陵に葬られた。「是、その妣皇后の葬られし陵なり」と『書紀』にある通り、母石姫の墓が磯長にあり、そこへ追葬されたのである。『古事記』には「川内科長」、『帝説』裏書には「川内志奈□□□」とあり、「川内」の国名や「志奈（我）」の音仮名は、八世紀初以前の表記である。陵と墓を区分して記載する『延喜式』では、敏達は「河内磯長中尾陵」、石姫は「磯長原墓（河内国石川郡敏達天皇陵の内にあり）」とされる。

現在、敏達陵として宮内庁が管理する太子西山古墳は、六世紀後半の前方後円墳で墳丘長は約九三メートル。年代的にみても敏達陵としてほぼ問題ないとされる。磯長最古の大型古墳である。磯長谷にはその後、用明・推古の大王陵が方墳として造られていく。母石姫墓に追葬される形で成立した敏達陵は、大王墳の歴史からみた場合、前方後円墳という墳形の終わりをつげるものになった。

石姫墓への敏達追葬は、前王系からの血統的権威（石姫の父は欽明異母兄の宣化で、母は旧王系仁賢の女子橘仲）を示す意味があったとされる（白石太一郎「磯長谷古墳群の提起する問題」）。しかしこれを文字通り〝前王統との女系を介した血縁継承による正統化〟と見なすことには、慎重でなければならない。欽明母の手白香、安閑キサキの春日山田、そして石姫母の橘仲は、いずれも『記』『紀』系譜上では前王系仁賢の女子とされる（図2「欽明王統と蘇我氏」一六頁）。しかしそもそも仁賢（オケ王）は弟の顕宗（ヲケ王）とともに、父を雄略に殺され、牧童となって播磨に隠れていたところを発見されて子のない清寧のあとをついだという、きわめて説話的な存在である。また、手白香・橘仲姉妹の母である春日大娘は、雄略が童女君（春日和珥臣の女子）を一夜で孕ませて生まれたとされる。伝承世界の中でつむがれた系譜というしかない。春日山田の母も、和珥臣の女子とされる。手白香・春日山田・橘仲の存在を疑う必要はないが、『記』『紀』の描く系譜そのものは、世襲王権成立後の六世紀後半以降に編み上げられていったとみる観点が必要だろう。

『記』『紀』に和珥／春日氏の名で語られる豪族たちは、古くから奈良盆地東北部に本拠を有した政治勢力である（岸俊男「ワニ氏に関する基礎的考察」）。手白香と継体、春日山田と安閑、橘と宣化、そして石姫と欽明の婚姻からみえてくるのは、新たに王統を築こうとした継体とその子の世代が、旧王系（複数か）の勢力基盤をなした豪族たちとの結びつきに苦心する姿である。石姫を母とする敏達は、その集約点に位置する。蘇我氏の側にとっての推古と敏達の婚姻の意義は、旧王系の勢力基盤をバックにもつ非蘇我系王族を、自己の側にとり込み融合しようとするところにあった。

婚姻は、王権の歴史の上で常に最重要な意味をもつわけではない。世襲の成立という構造変化により、血統的位置が王位継承の重要要件に浮上し、それに伴って婚姻が政治結合の極めて強力な手段となっていくのである。手白香・春日山田・橘仲をすべて旧王系仁賢の女子とする『記』『紀』の系譜には、婚姻がそのような意義を持つにいたった段階の観念が反映されているのかもしれない。

長期の殯への疑問

敏達の死（敏達一四年〔五八五〕八月）から磯長谷への埋葬（崇峻四年〔五九一〕四月）まで、五年八ヶ月の期間がある。大王の殯が長期に及ぶことを示す例とされることも多いが、はたしてそうだろうか。継体・安閑・宣化については崩御年をめぐって種々の議論があるので除くと、三二年の長期治世ののちに亡くなったとされる欽明でも、崩御から埋葬までは五ヶ月である。継承争いの混乱の中で亡くなった用明は三ヶ月、馬子に殺された崇峻は即日埋葬された。治世三六年の推古は、没後六ヶ月で亡き息子竹田の墓に葬られ、のちに磯長谷に遷された。「大殯（おおもがり）」と特記される舒明も一年余、殯儀礼が最高度に達した天武でさえ、二年余である。

『隋書（ずいしょ）』倭国伝の風俗記事には「貴人は三年、外に殯す」（身分の高い者は三年間、家の外でモガリをする）とあるが、この「三年」には疑問がある。同書の伝える倭の婚姻風俗には、「婚嫁（こんか）には同姓をとらず。相悦（あいよろこ）ぶ者はすなわち婚をなす」（結婚するときは、同姓を避ける。男女で互いに好き合った者は、すぐ結婚する）とある。後半は、中国的な婚姻儀礼の規範がなく、男女の出会いと合意で結婚に至る倭国の風俗といえる。しかし前半の「同姓不婚（どうせいふこん）」は、当時の倭国王族の極端な近親婚をみても明らかなように、全くあたらない。「同姓」とは同じ「姓」をなのる父系同族のことで、中国的観念によればその内部での婚姻は動物にも等しい行為とされ、厳重な禁忌である。

ところが倭の王族は、父を同じくする異母姉妹との婚姻を好んで繰り返し、そのことへの禁忌観を全く持たなかった。「同姓不婚」規範の欠如こそ、中国と異なる倭／日本社会の後世にいたるまでの大きな特色なのである。『隋書』の風俗記事は文字通りには受け取れないことが、ここからも了解できよう。同書の高句麗伝に「死者は屋内に殯すること三年」とあり、倭国伝の記述との類似性と対比性（内／外）が感じられる。

以下に具体的にみていくように、敏達の場合は、殯宮での誄（るい）奏上の最中から継承をめぐる争いは始まっていた。約二年におよぶ激しい争闘の間、他方で粛々と殯が行われていたとは考えにくい。殯儀礼には（殯宮内に籠もりきりだったかは疑問だが）亡き先王のキサキが不可欠である。しかし敏達のキサキである額田部は、まさにこの争闘の一方の主役だった。敏達の次の用明は混乱の中で即位し、わずか二年（足かけ一年半）の治世の後亡くなり、三ヶ月後に磐余池上陵（いけのへ）（『古事記』では石寸掖上（いわれのいけのうえ））に葬られ、その後、推古元年（五九三）に磯長に改葬された。敏達もどこかに仮葬され、崇峻四年（五九一）四月にいたって磯長谷に正式に葬られた可能性が高い。用明と異なり敏達の初葬陵が『書紀』に明記されないのは、それがまさに「仮葬」だったからではないだろうか。

旧王系につらなる母石姫との血統的つながりは、敏達にとって重要な政治基盤だった。磯長の石姫墓への追葬は、敏達自身の生前の意思だったとみるのが妥当だろう。大王墓が母の墓への合葬として営まれるのは、史料でしられる限りでは敏達が初例である。世襲王権の形成により血統が王位継承の重要要件となり、母との同葬に政治的意義が付与されたのだとすれば、それは母石姫墓への埋葬儀礼を通じて社会的に明示される必要があった。それ故に、混乱の中で磯長へ葬ることはさけ、他日の儀礼挙行を期して、とりあえず殯宮の営まれた広瀬の近くに仮葬されたとみておきたい。

磯長陵墓群の始まり

母石姫墓への敏達の埋葬が行われたのは、崇峻四年（五九一）である。そもそも崇峻の即位は、『書紀』によれば「炊屋姫（かしきやひめ）（額田部）と群臣」の推挙による。しかし即位後まもなく馬子と離反した崇峻は、敏達埋葬の半年後に殺され、群臣の支持を得て額田部が即位した。崇峻四年の段階での実質的な権力掌握者は、額田部と馬子だったとみてよい。磯長谷の石姫墓への敏達追葬は、敏達の生前の意志を尊重する形をとりつつ、馬子と額田部の意向にそってなされたとみるべきだろう。敏達のもう一人の有力キサキだった広姫は早くに亡くなっており、この時点で敏達の正式埋葬を決定できる立場にあったのは、額田部をおいてはない。

ここで注目すべきは、敏達埋葬二年後の推古元年（五九三）九月に、用明も磯長に「改葬」されたことである。磯長の用明陵は『書紀』では「河内磯長陵」、『古事記』では「科長中陵」だが、『延喜式』では「河内磯長原陵」で、石姫の「磯長原墓」と名称の混乱がある。現在、用明陵として管理されているのは春日向山古墳で、一辺が約六〇メートルの方墳である。「科長大陵」とされる推古陵以外に同時期の大型方墳はなく、春日向山古墳が実際に用明陵とみて良い。用明の初葬「磐余池上陵」の場所は不明だが、宮居とした「池辺双槻宮」の近辺らしい。それを磯長に改葬したのは、時期からいっても推古の意向と考えられよう。推古と用明は、蘇我堅塩媛を母とする同母兄妹である。用明は病弱で、短い治世の間も実質的には額田部と馬子が後見したと推定される。

推古と馬子にとって、石姫と敏達の血統的つながりを誇示することは、それだけならば積極的に意味のあることではない。石姫墓への追葬は敏達の生前の意志によるとみる所以である。しかし磯長谷最古の前方後円墳である石姫墓に敏達を追葬して敏達陵とした上で、ひきつづき同地に新たな形態の大王墳として用明の方墳を営むことは、馬子と推古の明確な方針があってのことと思える。方墳は、馬子以降の蘇我氏族長と共通する墳形である。蘇我系王統に（旧王系の勢力基盤をバックとする）非蘇我系王族を取り込み融合するという婚姻策と、同一の方向性がそこには見いだせるのではないか。

馬子と守屋の対立

話を敏達殯宮にもどそう。広瀬の殯宮では、蘇我馬子と物部弓削守屋の対立が顕わになった。馬子が刀を腰に下げて亡き敏達に誄を奏上する姿をみて、守屋は「猟箭中える雀鳥のごとし」（ケモノを射る大きい矢で射られた小さいスズメのようだ）とあざ笑ったのである。次に守屋が、緊張からか手脚を震わせながら誄すると、馬子は「鈴を懸くべし」（鈴をかけたら良く鳴るだろう）とやり返したという（敏達十四年（五八五）八月条）。

『書紀』は、欽明十三年（五五二）十月に百済聖明王から仏像・経論がもたらされたとし、仏法興隆を説く蘇我稲目と反対する物部尾輿・中臣鎌子の対立を記す。その後も、崇仏派の蘇我氏と排仏派の物部氏・中臣氏の争いはつづき、いくたびかの排仏があり、蘇我馬子が物部守屋を滅ぼして、ようやく仏法興隆が実現したとするのである。しかしこうした一連の記事は、排仏との戦いをへて三宝興隆に向かうというストーリーで組み立てられた説話であり、そのまま史実とみることはできない（吉田一彦『仏教伝来の研究』）。欽明十三年の仏教伝来は末法の開始にあわせて設定されたもので、『帝説』等の記す「戊午年」（五三八）を伝来の年とみるのが、現在の有力な見方である。高句麗の南進におされた百済は、中国の南朝梁との通交で得た仏典等を伝えることで、倭国の支援をひき出す意図があったとされる。

敏達殯宮での馬子と守屋の嘲りあいに続けて『書紀』は、隼人を率いて殯庭を護衛する三輪君逆の姿と、穴穂部の不敵な言葉を記して、次の用明紀での穴穂部・守屋討滅事件につながる争闘を予告する。穴穂部には天下を取る意志があり、「何の故にか死ぎし王の庭に事えて、生なる王の所に事えざらん」（なぜ死んだ王〔敏達〕に仕えて、生きている王〔穴穂部〕に仕えないのか）と言挙げしたという。穴穂部は、自分こそ次の「王」だと宣言したのである。守屋は穴穂部を支持し、馬子は額田部と結んでそれに対抗する形で、王位継承をめぐる両者の争いは繰り広げられていく。

2　用明の即位

欽明の「第四子」

敏達の死から二〇日後の九月五日に、異母弟「橘豊日」が即位する。額田部の同母の兄、用明である。翌年（五八六）を元年として二年（五八七）四月には病で亡くなるので、足かけ二年の短い治世だった。用明紀は、仏教関係記事がわずかに挟まる以外はほとんどが守屋討滅事件で占められ、全体が物部氏滅亡の物語といっても良い。用明の即位年・没年への疑問、ひいては即位自体を疑う見解もあるが、確かなことはわからない。疑念はあるものの、ここでは『書紀』の記述にそって動きをたどっていきたい。

用明即位前紀冒頭には、「橘豊日天皇（用明）は、天国排開広庭天皇（欽明）の第四子なり。母は堅塩媛と曰う」とある。同母単位で各キサキ所生の男女御子を書き上げる『古事記』とは異なり、『書紀』は即位した御子については、冒頭で父の「第〇子」と記すのが通例である。その場合、「第〇子」は同母・異母を通じた男子の出生順を示す。用明については、石姫所生の箭田珠勝大兄・訳語田渟中倉太玉敷尊（敏達）、稚綾姫（『古事記』では小石比売）所生の石上皇子（『古事記』では上王）、につぐ四番目と推定されている（寺西貞弘「天武天皇所生皇子生年考証」）。しかし、実際のところはよくわからない。

『書紀』は「皇后」と「妃」に区分してキサキを序列化はするものの、所生子を同母毎に男女混合出生順で記す点では『古事記』と変わらない。両書とも、六～七世紀の系譜語り（「娶生」様式の系譜）をもとにしているからである。父を単位に同母異母を通計する男子出生順の数え方は、その当時においては存在しなかった。世襲王権形成途上である六世紀の欽明御子については、『記』『紀』の間でもさまざまにキサキ名・出生順の異伝がある。転写の繰り返しなどによる錯誤もあって、正確な記録は存在しないというのが現実だった。系譜伝承を整理して父の「第○子」にあたるかを確定することは、『書紀』編纂時においても困難な作業だったのである。

「大兄王」の即位

当時における用明の血統的立場として確かにいえることは、蘇我堅塩媛を母とする七男六女の最年長で、「大兄（おおえ）」と称せられたことである（欽明二年〔五四一〕三月条）。「大兄」は王位継承に関わる制度で皇太子制の前身をなすと、かつては考えられていた（井上光貞「古代の皇太子」）。現在では、「一族の長」をさす親族用語としての「大兄」使用例が、王族以外にも七世紀後半から一〇世紀にかけて見いだされ、王族の場合には、同母単位の代表（多くは長子）が「大兄」とよばれて継承争いにからむことが明らかになっている（荒木敏夫『日本古代の皇太子』）。この意味で史料上にみえる王族の「大兄」は、表3の七例である。

継体の御子である安閑以降、つまり世襲王権の形成につれて、統率的立場の男性年長者をさす親族用語「大兄」が、王位継承とからむ政治性を帯びた地位呼称の意味をもち始め、史上に姿を表すのである。

七例のうち、一人の天皇について異母所生の複数の大兄の存在が確認できるのは、欽明と舒明である。七世紀の舒明についてみておくと、舒明には法提郎媛（父は蘇我馬子）を母とする古人大兄と、宝王（皇極）を母とする中大兄（天智）の、二人の大兄がいた。古人大兄は、皇極四年（六四五）に蘇我蝦夷・入鹿父子が滅ぼされた直後、年長の「大兄命」として即位を要請されたが、辞退して出家し吉野に逃れた。しかしその甲斐もなく結局は妻子とともに殺されてしまう（孝徳即位前紀

表3　王族の「大兄」（筆者作成）

父	母	大兄名	備考
継体	尾張目子媛	勾大兄（安閑）	異母弟は欽明
欽明	石姫	箭田珠勝大兄	欽明一三年四月死去。同母弟敏達即位。
欽明	蘇我堅塩媛	大兄（用明）	異母弟は「スメイロド」穴穂部。
敏達	広姫	押坂彦人大兄	推古即位数年後に死去か。
厩戸王	蘇我刀自古	山背大兄	舒明と継承争い。皇極二年に滅される。
舒明	蘇我法提郎媛	古人大兄	皇極四年の乙巳変後に出家、のち殺される。
舒明	宝（皇極）	中大兄（天智）	同母弟は天武。

および大化元年（六四五）九月条）。序数の「中」は二番目という意味で、「中大兄」は舒明の御子として古人大兄につぐ二番目の大兄である。古人が殺されて中大兄が舒明の唯一の「大兄」となり、母斉明（皇極が重祚）の死後に即位した（天智）。

欽明の御子の場合、石姫を母とする「箭田珠勝大兄」（『古事記』では八田王）がいたが、欽明十三年（五五二）四月に死去した。敏達は石姫所生の第二子である。敏達の「珠敷」は兄の「珠勝」と並ぶ名（本居宣長『古事記伝』）で、特別の立場にある御子の美称である。敏達は同母の亡兄に代わり、王位継承者の立場にたったのだろう。

敏達の次に即位したのが、蘇我堅塩媛を母とする「大兄王」＝橘豊日（用明）である。用明は堅塩媛所生の第一子で、『書紀』には「大兄皇子、是は橘豊日尊」とある。「橘豊日」は没後に贈られる和風諡号である。「大兄王」以外の用明の実名は知られない。ちなみに、中大兄の実名は葛城（『書紀』舒明即位前紀）である。他の「大兄」名が、「＊＊大兄」であるのに対して、用明の「大兄王」の呼称は異質である。

「スメイロド」穴穂部

蘇我小姉君を母とする用明異母弟の穴穂部は、多数の異名を持つ（表1「欽明のキサキと御子」八〜九頁）。このこと自体が注目に値するといえようが、なかでも特に重要なのは『古事記』の「須売伊呂杼」および『書紀』の「皇弟皇子」である。

『古事記』欽明系譜には「三枝部穴太部王、亦の名は須売伊呂杼」とあり、『書紀』は「皇弟皇子〈皇弟皇子というは穴穂部皇子、即ち天皇の庶弟なり〉」とする（用明二年（五八七）四月条）。『古事記』に一字一音の音仮名で表記された「須売伊呂杼」（スメイロド）は、当時の呼称の記録として重要である。『書紀』の「皇弟」がこれと同義とすれば、穴穂部は「皇弟」（用明の弟）として「スメイロド」と呼ばれたことになる。

古語の「イロ」は、同母の親密な親族関係を表す。実母は「イロハ」、同母兄は「イロエ」、同母弟は「イロド」である。『書紀』における「皇弟」の用例としては、このほかに天智（中大兄）の弟大海人（天武）が、「皇弟」（白雉四年（六五三）是歳条）・「大皇弟」（天智八年（六六九）五月条）・「東宮太皇弟」（同十年（六七一）正月条）・「皇大弟」（天武即位前紀）などとされている。天武は天智の同母弟（母は皇極）なので、まさに「皇弟」＝「スメイロド」である。

しかし用明の母は蘇我堅塩媛、穴穂部の母は蘇我小姉君なので、穴穂部は用明の同母弟ではない。ただし小姉と堅塩は同母姉妹（欽明二年（五四一）三月条）なので、用明と穴穂部は異母兄弟とはいえ密接な血縁関係にある。『古事記』の「スメイロド」はこの親密さを表現した呼称だろうか。しかし通常の親族タームとしては「イロド」は同母弟を意味するので、不審を除くために『書紀』はあえて「庶弟」（異母弟）と注記したのだろう。

「須売」（スメ）は特別な尊貴性を表す冠称だから、スメ・イロドは〝高貴なる親密な弟〟である。普通名詞的な親族用語の名前という点で、用明の「大兄王／大兄皇子」と穴穂部の「スメイロド／皇弟皇子」は対をなす（仁藤敦史「皇子宮の経営」）。そのような普通名詞的呼称が表す実態は何であったかといえば、欽明御子の蘇我系王族全体の「大兄」が用明であり、その「イロド」にあたるのが穴穂

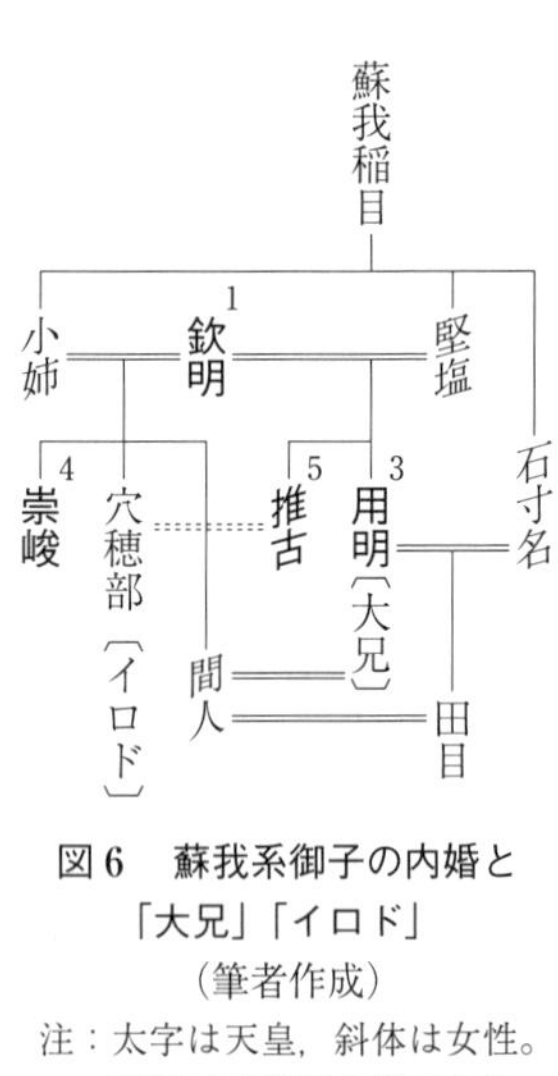

図6　蘇我系御子の内婚と「大兄」「イロド」
（筆者作成）
注：太字は天皇，斜体は女性。破線二重線は未遂におわった「奸」。数字は王位継承順。

部ということなのではないか。堅塩媛所生子と小姉君所生子は、蘇我系の欽明御子として政治的には准〝同母子単位〟をなしていたと考えられるのである。

用明の三人のキサキのうち二名は、蘇我稲目の子（石寸名）と孫（間人）である。間人と用明の異母兄妹婚が蘇我系王族の一体化をめざす方策の一環だとすれば、用明没後の間人と田目（石寸名の子）との婚姻（『帝説』および「聖徳太子平氏伝雑勘文」所引「上宮記」）にも、それなりの必然性があったといえる。庶母との異世代婚はきわめて不自然なようだが、石寸名と用明はオバ・オイ婚なので、間人と田目は母方からみれば稲目の孫の同世代イトコ婚になる（図6）。石寸名（意富芸多志比売）は用明の最初のキサキ（『古事記』用明段）だから、二人は年齢的にもさほど離れてはいなかったろう。

次にみていく、穴穂部が敏達殯宮に押し入り額田部を「奸」そうとしたという一見奇怪な行動も、蘇我系御子の内婚という観点からすれば理解しやすい。堅塩媛所生子である額田部との〝婚姻〟は、「大兄」用明と並び、さらに超えるために、「イロド」穴穂部が是非とも実現したいことだったのである。

3　殯宮での出来事

敏達が治世一四年（五八五）八月に没して「広瀬」に殯宮が営まれ、九ヶ月後の翌用明元年（五八六）年五月、穴穂部が「炊屋姫皇后」を「奸」そうとして殯宮に押し入るという事件が起きた。欽明紀の出生記事、敏達紀の立后記事から時を隔て、これ以降、『書紀』は額田部の生きた活動を語り始める。いよいよ政治表舞台への登場である。『書紀』での表記は出生時から一貫して「炊屋姫」だが、本書では史料引用／紹介の場合を除き、即位以前は「額田部」の実名で記すことにする。まずは『書紀』の記述に沿って、事件のあらましを見てみよう。

穴穂部の殯宮乱入

『書紀』用明元年（五八六）五月

穴穂部が「炊屋姫皇后」を「奸」そうとして、むりやり「殯宮」に入ろうとした。「寵臣」三輪君逆は兵衛を喚し、「宮門」を固めて入れなかった。穴穂部は七回も「門を開け」と要求したが、聞き入れなかった。そこで穴穂部は蘇我馬子と物部守屋に語って、「逆は無礼のふるまいが多い。殯庭で誄を奏上し『朝庭を荒らさず浄らかに保って、私が奉仕しましょう』といった。これは無礼だ。天皇の子弟は数多く、両大臣（馬子と守屋）もいるのに、自分一人が奉仕するなどと言って良いのか。又、私が殯内を観ようとしたのに、入れようとしなかった。

『門を開けよ』と七回よばわっても、応じなかった。斬ってしまいたい」というと、両大臣は「仰せのままに」と答えた。

穴穂部はひそかに「天下に王たらん」と謀り、逆討伐を口実にして、守屋とともに兵を率いて「磐余の池辺」を囲んだ。これを察した逆は「三諸岳」に隠れ、その日の夜半、ひそかに山を出て「後宮」（炊屋姫皇后の「別業」である「海石榴市宮」）に隠れた。しかし結局は同族に密告され、穴穂部は守屋に討滅を命じた〈穴穂部と泊瀬部（のちの崇峻）が守屋を遣わしたともいう〉。これをきいた馬子は穴穂部のところにかけつけ、「皇子の家の門」で出会ったので「行ってはなりません」と諫めたが、穴穂部はききいれずに（守屋のもとへ）出かけて行った。馬子は穴穂部に従って磐余（「池辺」）まで至り、強く諫めたので、穴穂部もそこにとどまり守屋を待った。しばらくすると守屋が軍衆をひきいて至り、「逆らを斬った」と報告した〈穴穂部が自らいって射殺したともいう〉。馬子は「天下が乱れるのも遠くはあるまい」と嘆いた。〈三輪君逆は、敏達が「寵愛」して「悉くに内外の事を委ね」ていた。そのため、炊屋姫と馬子はともに穴穂部を恨むようになった〉。

穴穂部が数え上げた逆の「無礼」とは、「殯庭」においてあたかも自分だけが朝庭を守るかのような「誄」を奏上したこと、そして、穴穂部が「殯内」を観ようとしたのに「宮門」を固めて開けようとしなかったことである。

殯宮での「誄」奏上

敏達の死去直後の「誄」奏上では、馬子と守屋が互いに相手の様子をあざわらうということがあった（敏達紀巻末）。その約九ヶ月後に穴穂部の乱入事件は起こったのだが、この日も「殯庭」では「誄」奏上が行われていた。穴穂部が「無礼」と怒る三輪君逆の誄は、そこでのものである。つまり敏達の殯では、少なくとも二回（実際にはこの間に何回かなされただろうが）誄奏上が行われたことになる。二回目には、「宮門」で区切られた奥の「殯内」に額田部のいたことが確認できる。穴穂部は「殯内」に入ろうとしたのだが、逆が門を開けることを拒んだので入ることができなかった。

殯宮での儀礼が詳細にわかるのは、七世紀後半の天武の事例である。天武が朱鳥（あかみとり）元年（六八六）九月九日に没すると、そのすぐあと二七日から三〇日までの四日間にわたって諸臣による誄がなされ、そのあともさまざまな儀礼と誄奏上が二年余りにわたって繰り返された。最後の誄奏上は持統二年（六八八）一一月一一日になされ、そのあと遺骸は大内陵（おおうちのみささぎ）に葬られた。天武の殯は大王／天皇の殯儀礼として最高の完成度に達し、『書紀』にその詳細な記述があるのである。これと比較すれば六世紀後半の敏達の殯儀礼は、おそらくもっと簡略なものだったろう。用明二年（五八六）五月の誄奏上は、敏達の埋葬を間近に控えた最後の誄だったではないか。だから額田部は「殯内」で遺体の傍らにおり、穴穂部も彼女が確実にそこにいることを知っていたのである。

治世二年目（五八七）の四月に没した用明については殯の記述はなく、三ヶ月後の七月に「磐余池（いけの）上陵（え）」に葬られた。池辺宮の近辺だろうが、所在地は明らかでない。馬子らによる穴穂部・守屋討滅の戦い勃発という事態を受けて、あわただしく小墳に埋葬されたのではないか。敏達の場合は、すでに述べたように生前から磯長の母石姫墓への追葬が予定されていたので、穴穂部による三輪君逆討伐の混乱の中、殯終了後、正式の喪葬儀礼挙行は後日を期して、とりあえず近くに「仮葬」されたと見ておく（四〇頁）。

穴穂部による「姧」のねらい

「殯庭」では、諸王・諸臣の誄が行われ、穴穂部も三輪君逆もそこにいた。後で述べるように、敏達「寵臣」の逆は、キサキ宮経営を通じて額田部とも強い絆があったらしい。誄奏上を終えたあとも、額田部の身辺を守っていたのだろう。穴穂部の乱入という事態に遭遇して、殯宮護衛の「兵衛」を門前に喚びよせ、（額田部の意を受けて）穴穂部を強く拒み通したのである。「殯内」に入ることができなかった穴穂部が、逆が門を開けなかったことを「無礼」の一つに数え上げたことに注目したい。ここから判断すると、穴穂部は「殯内」に入る資格がもともとなかったのではない。穴穂部の「姧」のねらいを察知した額田部が、逆に命じて禦がせたとみなければならない。だからこそ、穴穂部は激しく「無礼」を憤り、「両大臣」（馬子と守屋）もそれに同意したのである。「殯内」は本来的に女性のみの空間とする通説は、再検討の余地があろう。

その後、逆は池辺宮に向かった。守屋が兵をもって「磐余の池辺」を囲むと、逆は三諸丘に隠れ、そこからさらに夜半に額田部の「後宮」（海石榴市宮）に逃れた。炊屋姫のあらかじめの許可がなければ、できないことである。「陰かに天下に王たらん」とする穴穂部が、守屋の兵に池辺宮を囲ませたのは、逆を捉えようとしただけなのか、用明をも狙いのうちに入れていたのか、『書紀』の記述は曖味である。事件進行の間を通じて用明の動向が不明であることとも通じる、意味のある曖昧さといえよう。

額田部を「奸（おか）」そうとした穴穂部の意図は、三輪君逆にさえぎられて失敗した。しかし仮に、炊屋姫が合意していたとすれば、両者の結合は「奸」ではなく、他の蘇我系御子の内婚と同様の〝婚姻〟がそこで成立したのではないか（図6「蘇我系御子の内婚と「大兄」「イロド」」四八頁の破線二重線）。同時代の中国では、礼の秩序にのっとらない男女の関係すべてが「姦／奸」とされたが、倭の社会にはそのような礼の観念は存在しなかった。男女の合意により結ばれる性関係＝「婚姻」であり、女性の合意なしで行われる性関係は「姦／奸」とみなされたのである（関口裕子「日本古代における「姦」について」）。

額田部との〝婚姻〟が実現していたならば、「スメイロド」穴穂部は額田部と並んで、蘇我系御子たちを率いる立場になれたのではないか。穴穂部による「奸」の狙いは、〝前キサキ〟との婚姻ではなく、蘇我系女性長老たる異母姉との婚姻だったというべきだろう。敏達没後の額田部は、実質的に病弱の同母兄用明を支える立場にあったからである。現実には、額田部は穴穂部の野心をしりぞけ、欽明子世代における女性長老として、叔父馬子とともにこのあとの政局をリードしていく。

殯宮への「籠もり」は事実か

穴穂部が押し入ろうとした時、額田部が敏達の殯宮の奥にいたことは間違いない。しかし、彼女はモガリの全期間を通じて、殯宮に籠もっていたのだろうか。

これまでは、近親女性が喪屋（もや）に籠もる後世の民俗事例も参考に、先王キサキたる額田部は「殯宮に籠もりきっていた」とみなされてきた（和田萃「殯の基礎的考察」）。しかし古代の確かな史料にもとづいて考えた場合、キサキと殯宮の関係がわかるのは、敏達と天武の二つの事例だけである。

敏達殯宮の場合には、門を挟んで「殯庭」と「殯内」があり、「殯庭」で誄奏上がなされた時、敏達の柩のある「殯内」にはキサキの額田部がいた。天武殯宮の場合には、殯庭で壮大な儀礼が長期間にわたり何回も繰り返されたが、キサキである鸕野皇后（持統）の姿はみえない。キサキは「殯宮に籠もりきっていた」という結論を、ここから導き出すことができるだろうか。

すでに見たように、額田部は殯庭での最後の誄奏上儀礼の行われた時は奥の「殯内」にいた。そのあと、逆は額田部の「後宮」（海石榴市宮）に逃れたが、結局は殺されてしまう。逆を守りきれなかったのは、額田部が海石榴市宮に同行しなかったからだろう。突発事態に直面して、「仮葬」の手配のために殯宮にとどまったとみられる。鸕野皇后の場合は、くりかえし行なわれた奏上儀礼の時には天武の柩の側にいて、誄奏上を受ける立場にあった。そのため、儀礼の場には姿がみえないのである。

逆が門を閉ざしたことを穴穂部が「無礼」と憤り、馬子と守屋もその非難に同意した（穴穂部は両大臣に対しては、「殯内」をみようとしただけといいつくろっている）。穴穂部は当然、儀礼を終えたあとは入れるものと思っていたのである。「殯内」を男性王族の立入りを許さない女性だけの聖なる空間とみなす二分的思考は、厳しく問い直されなければならない。キサキは必要な場合にだけ殯宮に出向いていたと考えるのでなければ、その間の彼女たちの活発な政治的行動は説明できないのである（稲田奈津子「殯儀礼の再検討」）。

群臣による次王の選定／承認を本来のあり方とする倭王権にあっては、先王死去後に空位期間が生じることは当然の事態だった。当時の王族の双系的親族構造からいって、この期間に展開する権力抗争には、王位継承候補となり得る男女有力王族が関わったとみるべきである。敏達没後の激しい抗争に実質的に参画した欽明子世代の王族は、蘇我馬子と結んだ額田部、物部守屋と結んだ穴穂部であり、遅れて穴穂部同母弟の泊瀬部（崇峻）が馬子側に加わった。

殯とキサキの関わりが具体的に知られる上記の二例において、その抗争の勝者――推古と持統――は、ともに血統的立場としては自分自身が先王の子であり、年齢からいって同世代王族中の長老だった。両者はともに、権力抗争を勝ち抜く資質を群臣に示し、その結果として即位に至ったのである。

三輪君逆と額田部

三輪君逆が守屋に追われて本拠地である三輪山に隠れ、そこから夜半にさらに額田部の「別業」である海石榴市宮に逃れたというのは、額田部が逆を匿おうとしたことを意味する。逆は、亡き敏達に「寵愛」され「内外のことをすべて委任されていた」（用明元年〔五八六〕五月条）というが、同時にキサキ額田部の「寵臣」でもあったのではないか。海石榴市は、三輪君氏の本拠地である三輪山の麓近く、交通の要衝「八十の衢」の「市」である（図4「磐余」の諸宮」三四頁）。その近辺にあった「海石榴市宮」＝「別業」（ナリドコロ）は、経営拠点としての機能を持つ重要な「宮」だった。「トコロ」とは「何らかの機能をもつ場所ないし機関」で、「ナリ」はナリハヒ（生産／産業）だから、「別業」の古訓「ナリドコロ」は、農業／交易を含む経営拠点としての施設である（吉田孝「トコロ覚書」）。

『書紀』は中国流に「後宮」の漢語をもちいるが、これを平安時代以降の内裏「後宮」と同様のものと理解してはならない。六～七世紀の倭国においては、大王の宮とキサキの宮は別の場所にあり経営も別々で、八世紀後半までこの状態は変わらなかった（三崎裕子「キサキの宮の存在形態について」）。その基礎には、夫婦別居の婚姻慣行と男女均分相続がある。当時の氏族の主要な資産は、経営拠点である複数のヤケとそこに付随する労働力・田地で、史料では「田宅奴婢」と総称される。キサキは、出身氏族のヤケの一つを「キサキの宮」＝経営拠点とし、実際に経営を担う大小の豪族、および宮に出仕するその子弟男女（「舎人」「女孺」など）との間に強い人格的関係を築きあげていく。キサキと豪族たちとの絆は、キサキ所生子が王位継承争いに乗り出して行く場合に、重要な政治基盤として機能するのである。

　こうした構造に照らしてみた場合、額田部と三輪君逆との間には、大王敏達の「寵臣」とキサキという関係にとどまらない、直接の密接な関係があったと推定される。逆が額田部を固く守り通し、穴穂部が逆を殺したことを額田部と馬子が強く恨んだというのも、そうした背景のもとで理解できよう。

第三章　権力掌握

1　穴穂部・守屋討滅

用明の「崇仏」

用明は一触即発の緊張のみなぎるなか、即位翌年の丁未年（五八七）四月に磐余の河上（かわかみ）で新嘗（にいなめ）を行ったその日に病となり、わずか七日後に亡くなった。用明紀には、穴穂部を巡る事件以外にほとんど記事らしい記事はない。その中で特筆されているのが「崇仏」である。

新嘗から還ってそのまま病床に伏した用明は、群臣に「朕（われ）、三宝に帰（よ）らんと思う」と述べて、仏法帰依の是非を問うた。いわゆる仏教公伝のあと、欽明は蘇我稲目の崇仏の願いを許したものの、その後の廃仏派との争いには関与しなかった。次の敏達は、即位前紀で「仏法を信（う）けたまわず」と評された不信心派である。それに対して用明は、仏法への帰依を明言した最初の天皇、と『書紀』は位置づけていることになる。仏法帰依の是非をめぐる群臣の会議がつづくなか、身辺に危険の迫っていることを知った守屋は、急ぎ本拠地河内にもどって軍勢を集め、戦闘へと一気に事態は動いていく。

用明の病はますます重くなり、司馬達等の子鞍部多須奈が、天皇のために出家して仏像・寺を造ることを誓う。南淵坂田寺の丈六仏像と挟侍菩薩がこれであるという縁起と、大殿での崩御、三ヶ月後の「磐余池上陵」への埋葬を記して、用明紀は終わる。治世二年でほとんど事蹟はないが「崇仏」の天皇だった、と『書紀』は強調しているのである。

薬師像光背銘にみる用明と推古

用明の崇仏をめぐっては、現在、法隆寺金堂に安置される薬師如来坐像の光背裏面に、次のような四行九〇字の銘文が刻まれている。

池邊大宮治天下天皇大御身労賜時歳
次丙午年召於大王天皇与太子而誓願賜我大
御病太平欲坐故将造寺薬師像作仕奉詔然
当時崩賜造不堪者小治田大宮治天下大王天
皇及東宮聖王大命受賜而歳次丁卯年仕奉

（大意）

用明（「池辺大宮治天下天皇」）が病気になった時（「大御身労賜時」）、丙午年（用明元年〔五八六〕）に推古（「大王天皇」）と厩戸（「太子」）を召して、「病が直るように（「我大御病太平欲坐」）、寺と薬師像を作りたい」と誓願した。しかし亡くなられて作ることはできなかったので、推古（「小治田大宮治天下大王天皇」）と厩戸（「東宮聖王」）が、用明の願いを受けて丁卯年（推古一五年〔六〇七〕）にお作りした。

この銘文は、内容的な疑問から天武朝以降七世紀末頃の成立とされ（福山敏男「法隆寺の金石文に関する二三の問題」）、仏像も様式・技法から七世紀後半～末の制作とみられる。法隆寺は天智九年（六七〇）に火災で焼失し、その後の再建期に縁起文の性格をもつこの銘文は作られた、とするのが現在の理解である（東野治之「法隆寺金堂薬師像の光背銘と天寿国繡帳の銘文」）。七世紀末～八世紀初は、太子信仰の萌芽期である。そののち八世紀前半の天平期には、光明皇后および母橘三千代ゆかりの人々によって、法隆寺は太子信仰と結びついて国家的地位を高めていく（義江明子『県犬養橘三千代』）。

天平一九年（七四七）に法隆寺三綱が撰進したとする『法隆寺伽藍縁起幷流記資財帳』（以下、『法隆寺流記資財帳』と記す）の冒頭部には、「池辺大宮御宇天皇ならびに御世御世に坐す天皇の奉為に、歳次丁卯、小治田大宮御宇天皇ならびに東宮上宮聖徳法王、法隆寺学問寺（中略）を敬い造り仕え奉る」とある。用明天皇および代々の天皇の為に、丁卯年（六〇七）に推古と厩戸を造営主体として法隆寺は造られたとし、代々の天皇との密接な関係をさらに強調する内容となっている。資財帳の記す仏像の筆頭は、像高わずか六三・八センチメートルのこの薬師像である。『帝説』が銘文全文を引用して、「右は法隆寺金堂に坐す薬師像の光後の銘文、即ち寺を造り始めし縁由なり」（法隆寺金堂の薬師像光背銘文で、寺造営の由来が述べられている）とあるように、奈良時代の法隆寺にとって、用明が発願し推古と太子が造ったという由緒（の主張）はきわめて大事なものだった。

法隆寺の前身寺院である斑鳩寺（焼失前の若草伽藍）が厩戸の建立になること、また「丁卯年」（六〇七、推古一五）という年次も創建瓦の年代と矛盾はしないが、銘文のかたる縁起そのものは虚構である。厩戸の様々な呼び名のうち、『古事記』にみえる「上宮」と「豊聡耳」は生前のものとみられるが（仁藤敦史「「聖徳太子」の名号について」）、「東宮聖王」は七世紀前半当時のものではありえない。

薬師像光背銘文が用明による発願を冒頭に据えるのは、用明が「太子」の父だからであろう。『書紀』が用明の「崇仏」を強調するのも、同様と推定される。用明の「崇仏」を、『書紀』編纂時における太子信仰の広がりを受けての設定とみてとり除くと、七世紀末頃に作られた同銘文が、仏教興隆における推古の関与を強調しつつ「太子」の事蹟を語っていることが注目される。太子信仰萌芽期における推古の重要性を示すものといえよう。

炊屋姫の「詔」と穴穂部誅殺

用明死去の翌月五月、まだ埋葬もすまないうちに、守屋と穴穂部は挙兵をくわだてた。これを受けて六月七日、「兵を装備して速やかに行き、穴穂部と宅部を誅殺せ」との額田部の「詔」により、その日のうちに穴穂部、翌日には宅部も殺された。宅部は宣化の子で（『紹運録』では穴穂部の同母弟）、かねてから穴穂部と親しかったらしい。額田部の「詔」が軍兵の発動を可能にし、対立する有力御子を抹殺するにいたったのである。『書紀』は、「蘇我馬子宿祢等、炊屋姫尊を奉りて、佐伯連丹経手・土師連磐村・的臣真嚙に詔す」と記す。用明紀の穴穂部をめぐる事件では「炊屋姫皇后」と記してきた『書紀』が、この誅殺命令および二ヶ月後の崇峻擁立の記事では「炊屋姫尊」と、天皇と同様に「尊(みこと)」号で記すのは、天皇不在のこの期間に「炊屋姫」(額田部)が実質的に「詔」を出す立場にあったことを示しているのだろう。

「誅殺(ころ)せ」とは、あまりに生々しい言葉だが、それだけに対立の激しさと緊迫が伝わってこよう。守屋が「元より余皇子等(あたしみこたち)を去(す)てて、穴穂部皇子を立てて天皇とせんとす」(もともと他の御子たちは無視して、穴穂部を天皇にしようとした)ように、敵対する豪族はそれぞれに意中の御子を擁立して争うのが常だった。六世紀以降、世襲王権が形成され、血統的条件がそれまでより格段に重視されるようになったとはいっても、明確な継承順位のルールがあるわけではない。同世代(この場合は欽明の子世代)で、経験豊富な長老としての年齢に達し、王となるにふさわしい資質を持つ御子を、豪族たちはリーダーとして求めたのである。御子の側からいえば、自分こそがその資質を備えた者であることを行動で示し、有力な豪族と手を握ってライバルをたたきつぶさなければ、逆に殺されてしまう。

一八歳で即位前の敏達のキサキとなってより十数年、国政の中枢近くにいた額田部は、敏達没後の混乱の中にあっても、穴穂部の脅しに屈することなく叔父馬子との連携を守り抜いた。非蘇我系の広姫所生の彦人とも向き合いながら蘇我系の優位を保っていこうとする彼女の立ち位置の微妙さが、厳しい局面での政治判断の力を鍛えていったのではないか。そうした力は、「キサキ」の地位から自動的に得られるものではない。用明キサキの間人(はしひと)は、血統的には額田部と同様に欽明の子で馬子の姪だが、そういう意味での活動の痕跡はない。キサキ期間の短さと本人の資質の問題もあろうが、用明治世の間も額田部が後見として実権を握っていたのだろう。馬子が、守屋との全面的武力対決にあたって額田部を奉じることを必須とし、豪族たちがその「詔」に従ったのは、こうした前提があったとみて始めて理解できるのではないか。

御子たちの〝参戦〟

穴穂部と宅部を殺したあと、翌七月に馬子は「諸皇子と群臣」に勧めて、守屋を滅ぼすための軍をおこした。王族として名がみえるのは、泊瀬部・竹田・厩戸・難波・春日で、泊瀬部以外の四人の御子は、欽明の孫世代である（竹田は敏達の子で額田部所生、厩戸は用明の子で間人所生、難波と春日は敏達の子で春日老女子所生）。豪族としては馬子のほか、紀宿祢・巨勢臣・膳臣・葛城臣・大伴連・阿倍臣・平群臣・坂本臣・春日臣等の雄族（「群臣」）が軍勢をすすめた。擁立すべき御子を失った守屋にとっては、きわめて不利な戦いだったといわねばならない。河内の本拠地に戻っていた守屋は、「子弟と奴軍」を率いて戦ったが敗れ、射殺された。一族・従者は散り散りになって逃れ、膨大な財（奴と宅）は勝者に没収されて、戦は終わった。

『書紀』では、馬子の側が劣勢になった時に、厩戸が四天王の像を造って戦勝祈願をし、進撃して勝利をおさめたということになっている。勿論これは、聖徳太子伝説の一環であり、四天王寺の縁起につながる虚構である。厩戸は一五〜一六歳の髪型とされる「束髪於額」だったと『書紀』にはあり、『帝説』は甲午年（五七四、敏達元年）の誕生でこの時は一四歳、『聖徳太子伝暦』（以下、『伝暦』と記す）は一六歳とする。四人の御子は竹田を筆頭に同世代の年齢順で記されていると思われ、難波と春日はさらに幼年である。馬子・額田部の側にあることを誇示する意味で顔を揃えたということはあり得ても、実際の参戦ははなはだ疑わしい。それぞれに御子を擁する有力豪族の争いだったものが、穴穂部誅殺以後は、王族・豪族よりなる〝朝廷〟軍の守屋討伐へと、戦いの性格は変わったのである。そのことを『書紀』は、「諸皇子」の参戦記事によって示そうとしたのだろう。

彦人・竹田の立場と死没年

敏達の子で広姫所生の彦人は、竹田よりやや年長だったらしいが、参戦記事には名前がみえない。非蘇我系御子としての微妙な姿勢の表れかもしれない。『書紀』ではこの戦いに先立って、用明二年（五八七）四月、守屋が危険を察知して河内に退いた時のこととして、守屋側の中臣勝海（なかとみのかつみ）が、「太子（ひつぎのみこ）彦人皇子の像（みかた）と竹田皇子の像を作りて、厭（まじな）う」（彦人と竹田の像を作って呪詛した）と記す。

ここに「太子」とあるのは、のちに舒明・皇極以降、彦人の子孫が皇統を独占するようになってからの潤色だろう。それを除いて考えると、彦人と竹田は、それぞれ広姫所生と額田部所生の長子である。とはいっても、額田部が敏達のキサキとなったのはその即位前年（五七二）で、竹田は額田部所生の第二子なので、丁未年（五八七）には最大限見積もっても一五～一六歳、彦人はそれよりわずかに年長だろう。二人とも一〇代後半であり、経験豊かな熟年世代が王として擁立される当時の慣行に照らせば、当面の継承候補者ではない。

通説では、二人がここで呪詛の対象とされたことを、「皇位継承の有力候補者で、穴穂部が天皇になるには邪魔な存在だったから」（新編日本古典文学全集『日本書紀』頭注）とするが、これは父系直系継承を前提にする考え方で、現在では再検討を要する。彦人はここに「太子」とあるだけで、あとは史上から姿を消す。竹田も、七月の「諸皇子」参戦記事のあとは姿がみえない。戦いの渦中で殺されたか直後の病死との推定もあるが、息子舒明の誕生年からみて、推古即位後数年間の彦人生存は確実である（一二六頁）。竹田は若年で亡くなったらしいが、没年の記録はない。用明の御子たちが本格的に登場する推古一〇年（六〇二）頃には、二人とも亡くなっていたと推定できるだけである（一〇六頁）。二人の死没年が不明であることは、何を意味するのだろうか。

敏達は欽明の第二子だが、同じ石姫所生の兄「箭田珠勝大兄」が亡くなったので、父欽明のあとを継いで即位した。珠勝は欽明十三年（五五二）四月条に死亡記事がある。「珠勝」大兄は、弟敏達の「珠敷」と対の美称を付されるような一定の地位にあり（四六頁）、それ故に死亡年が明記されたのである。このことと対比した場合、彦人と竹田がいつ死んだのか不明という状況は示唆的である。通説に反して、二人は敏達・用明没後の熾烈な継承争いにおける「皇位継承の有力候補者」ではなく、次世代の御子たちの一人に過ぎなかったのではないか。それ故に、死亡記事もないのだろう。

丁未の乱（五八七年）勃発の時点で、守屋側の人間が彦人と竹田を呪詛したとの『書紀』の記事は、「太子」の語も含めて全体として信憑性に大いに疑問が持たれる。

守屋討滅の果実

『書紀』によれば、乱平定ののち四天王寺が造られ、守屋の「奴の半と宅」が寺の奴・田荘とされた。四天王寺が、厩戸の戦勝祈願にそって丁未の乱の終結後ただちに造営されたかのように記すのは、のちの太子信仰にもとづく虚構である。『書紀』も他方では、推古元年（五九三）是歳条に「始めて四天王寺を難波の荒陵に造る」、同三十一年（六二三）七月条に、新羅・任那の使者のもたらした「舎利・金塔・灌頂等」を四天王寺に納めたとする。四天王寺の前身である荒陵寺が造営されはじめるのは、推古治世になってからであろう。四天王信仰にもとづく四天王寺の本格的整備は、七世紀後半、孝徳の前期難波宮造営の段階と考えられる（古市晃「孝徳朝難波宮の史的意義」）。

物部氏は古来の有力豪族で、欽明の時には大伴金村・物部尾輿・蘇我稲目が国政に参画した。大伴金村が朝鮮問題で失脚したあと、敏達朝では物部守屋と蘇我馬子が「二臣」として対立する関係にあった（敏達一四年〔五八五〕八月条）。その一方の雄が滅ぼされ、田荘・宅・奴婢等が蘇我氏と蘇我系王族の手に渡ったことは、その後の展開に大きな意味を持った。当時、王族・豪族の所有する財は、双系的血縁原理に添って男女子に伝えられるとともに、政争を通じて敗者から勝者へも移動した。六～七世紀に展開した激しい権力闘争と濃密な近親婚の繰り返しにより、最上級支配層の元には膨大な家産が築かれていく（義江明子「系譜様式論からみた大王と氏」）。

守屋の敗死後、物部氏族長として守屋が有していた氏財（経営拠点としての複数の宅と、そこに附属する奴婢・田地）は、勝者たる王族と蘇我氏のものとなった。また一部は、守屋の妹と馬子との婚姻を介して子の蝦夷、孫の入鹿等にも流れたらしい（崇峻即位前紀・皇極二年〔六四三〕十月壬子条）。蘇我氏による法興寺（飛鳥寺）造営、厩戸による斑鳩宮と斑鳩寺（若草伽藍）造営にも、その財と労働力は使われただろう。守屋の経営拠点（宅）としては、「阿都の別業」・「渋河の家」・「難波の家／宅」などが知られる。物部氏の本拠地は、難波を含む広い意味での河内地域一帯だった（篠川賢『物部氏の研究』)。そこから強大な勢力が一掃され、蘇我氏・蘇我系王族にとっての活動の場が開けたことは、このあと推古朝に展開される遣隋使の派遣、難波と飛鳥を結ぶ道の整備、斑鳩地域の再開発へとつながっていく。

のちの皇極三年(六四四)のことになるが、和泉の大津には「豊浦大臣」(蝦夷)の「宅」があった(同年三月条)。前期難波宮造営の際に埋められた谷からも、推古朝に遡るとみられる瓦がみつかっている。外交の窓口としての難波に、何らかの瓦葺建物(寺院/迎賓施設)があったらしい(大阪府立近つ飛鳥博物館『考古学からみた推古朝』)。これらの果実は、皇極二年(六四三)の上宮王家滅亡、同四年(六四五)の乙巳の変を経て、最終的勝者である彦人系王統(皇極・孝徳から天智・天武)のものとなり、巨大な難波宮の造営と四天王寺の完成が実現するのである。

2　群臣推挙による即位

額田部の崇峻擁立

守屋の死の翌月に、「炊屋姫尊と群臣」は、泊瀬部に勧めて即位させた。蘇我馬子はもとどおりの「大臣」、他の「卿大夫」ももとの地位を保持した(崇峻即位前紀)。群臣が治天下大王を推挙し、新大王は群臣を任命/承認するという、倭王権の王位選定システム(吉村武彦「古代の王位継承と群臣」)にそったプロセスである。

泊瀬部は、蘇我小姉を母とする穴穂部同母弟で、穴穂部と共謀して三輪君逆を守屋に殺させようとしたとも伝えられる（用明元年〔五八七〕五月条「或本云」）。だが守屋討滅軍では、「諸皇子」の筆頭に名を連ねた。竹田以下の年少御子（欽明孫世代）の〝参戦〟が疑わしいことは、既に述べた通りである。泊瀬部は実質的に戦いに加わった欽明御子として、群臣等にその存在を示したことになろう。

群臣等に「詔」を発して軍兵を動員する力をもっていた額田部は、なぜこの時に即位しなかったのだろうか。『書紀』が記す女帝は、額田部＝推古が最初である。以後、八世紀後半まで八代六人の女帝が断続的につづく。この期間の男帝は六人だから、男女半々といって良い数である。逆にいえば、推古の即位以前には、女性の即位を阻む要因があったことになる。推古は、この時点ではそれを突破できなかったのである。女性の即位を阻んだ要因とは、「倭の五王」に代表される軍事王の歴史だろう。三世紀の卑弥呼・台与の存在にうかがえるように、倭国の国内統治において女性統率者を排除する社会通念は、そもそもはなかった。しかし五世紀を通じて、朝鮮諸国と競いつつ中国王朝から授与される将軍号を軸に、軍事編成と国内豪族の組織化がすすみ、王が男であることはほとんど既定事実となっていったのである。王位継承における世襲原理は、成立していない。

継体以降、次第に世襲王権が形成されていき、六世紀半ばの欽明即位の頃には血統的条件が王位継承の重要要件に浮上する。異母兄妹婚・叔父姪婚などの濃密な近親婚が展開するのは、欽明の子世代からである。倭の社会の親族構造は双系原理だったので、血統的条件そのものに男女の優劣はない。第一章で、「娶生」で父母を明記する系譜様式、男女を区別しない「王」（みこ）号、男女混合出生順記載などから見た通りである。財産の相続等においても同様だったので、王族男女は（父方母方から受け継いだ）経営拠点としてのヤケ（宮）をもち、そこに仕える中小豪族たちとの密接な関係を築いていった。その中で統率者としての資質を持つ者、「大兄」／「スメイロド」／「キサキ」等の立場をたくみに活用できた者、鋭敏な政治感覚で有力豪族との連携を固めることのできた者が、欽明子世代の御子たちの中で頭角を現していったのである。額田部はその一人だった。

五世紀後半の倭王武（雄略）を最後に倭王は中国王朝への遣使をやめ、「（大）将軍倭王」への任命を求めることもなくなった。以後は、直接に中国王朝の権威に依拠するのではなく、国内最高統治者としての正当性根拠を、模索しつつ自ら築きあげていくのである。勿論、朝鮮諸国との間で軍事的緊張が無くなったのではない。出兵も、八世紀に至るまで断続的にあった。しかし、国政としての最高軍事統率に必要なのは、外交も含む高度の政治判断力である。推古以降の歴史をみればわかるように、その点での男女の区別はない。

「穴穂部と宅部を誅殺せ」との額田部の「詔」に従って軍兵を動かし、額田部の支えのもとに泊瀬部を大王位につかせた群臣たちは、彼女の政治的力量、馬子と連携した実力者としての安定性を充分に認識していただろう。だが、二年におよぶ対立／争乱が平定されたところで、まずは、残る欽明子世代で参戦もした蘇我系御子の男（泊瀬部）を選んだのである。

失政者崇峻の死

群臣たちが、五世紀来の男王の歴史と決別して女性統率者を王に推挙するには、即位後の泊瀬部＝崇峻が執政者としての資質の欠如を顕わにして、馬子と決定的に対立し、遂には馬子の命令をうけた者に殺される（崇峻五年〔五九二〕一一月）という、衝撃的な出来事を経ねばならなかった。

殺された崇峻は即日、「倉梯岡陵」に葬られた。『延喜式』には、「倉梯岡陵　倉梯宮御宇崇峻天皇。大和国十市郡に在り。陵地幷びに陵戸無し」とある。現在の治定地は、倉梯宮跡地とされる桜井市倉橋の金福寺跡だが、六世紀末頃とされる倉橋の赤坂天王山1号墳（一辺四二～四五メートルの方墳）とする説もある。しかし「陵地・陵戸無し」とは、墓としての標識は何もなく、宮近辺のどこかに埋めたといっているにすぎない。陵墓を具体的な個々の古墳にあてはめて認定し陵戸・守戸をおいて管理するシステムは、持統三年（六八九）施行の浄御原令から始まった。崇峻陵の所在地は不明ないし存在しなかったので、「陵地・陵戸なし」とされたのだろう（北康宏「陵墓治定信憑性の判断基準」）。

『延喜式』で「陵戸なし」は、神武以前の、日向国にあるとされた天津彦彦火瓊瓊杵尊・彦火々出見尊・彦波瀲武鸕鷀草不葺合尊の「神代三陵」だけである。神話世界に属するこの三陵ですら、山城国内に東西一町・南北一町の兆域を設けてまとめて祭られた。それ以外の天皇陵は全て、陵戸／守戸と兆域を持つ。陵地（兆域）も存在しないのは崇峻だけであり、殯もなしの即日埋葬とともに、極めて異例というしかない。

『書紀』持統五年（六九一）十月の詔に「先皇の陵戸は、五戸以上を置け（中略）もし陵戸足らずは、百姓を以て充てよ」（天皇の陵には守衛の戸を五戸以上置け。陵戸が足りなければ、一般の民を守戸にせよ）とあり、『延喜式』でも、各天皇陵にはおおむね五～三烟の陵戸／守戸がおかれている。陵戸も守戸も置かれない崇峻は、「先皇」とはみなされなかったことになる。崇峻殺しは、たんに馬子の横暴ではなく、足かけ五年の治世をみてきた群臣が、王を見放したことの証である。

群臣の額田部推挙

ここにいたってようやく、群臣は額田部に即位を要請し、「天皇の璽印（みしるし）」を奉った。額田部は三九歳になっていた（推古即位前紀）。血統はもちろん、欽明御子の中の女性長老としての位置、キサキとしての政治経験、激動の争乱を乗り切った力量、どれをとってももはや群臣にためらいはなかった。王としての資質に欠ける崇峻が馬子に暴力的に排除された後、安定した政治を回復し強力な政策を実行していく統率力ある執政者を、群臣は切望していたからである。額田部は満を持して即位し、その期待に応える治世を馬子とともに実現した。群臣の間にあった男王へのこだわりは、彼女の統治実績によって払拭されたのである。このあとは、男女が相半ばする形での王位継承の時代がつづく。

3　「向原家」と豊浦宮

豊浦宮と豊浦寺

崇峻が殺害された翌月、壬子年（じんし）（五九二）の一二月に、推古は「豊浦宮」で即位した。現在の明日香村向原寺（こうげんじ）がその推定地である。発掘による上層の寺院遺構が豊浦寺、下層の宮殿遺構が豊浦宮と推定される（奈良国立文化財研究所「豊浦寺第3次調査」）。寺院遺構の造営は、七世紀初に遡る可能性がある。南から塔・金堂・講堂の伽藍配置が想定され、いわゆる四天王寺式伽藍配置である。下層からは、丁寧な石敷・玉石列を伴う六世紀末～七世紀初の掘立柱建物跡が検出された（口絵1頁）。桁行三間（四・六八メートル）以上、梁行三間（五・五九メートル）の高床式南北棟建物である。飛鳥地域の他の宮殿建物遺構との類似から、豊浦宮（推古元年〔五九三〕～一一年〔六〇三〕）である可能性が高い。東側には、なおいくつかの建物の存在が推測されている。

その後の調査で、寺院遺構の講堂は東西三〇メートル以上・南北一五メートル以上、金堂基壇は東西一七メートル・南北一五メートルであることが確認された。創建瓦からみて、飛鳥寺伽藍中枢の完成前後に豊浦寺の造営が開始され、その後、瓦工とともに瓦笵（型）が移動して斑鳩寺（若草伽藍）金堂の軒丸瓦に使用されたらしい（花谷浩「飛鳥寺・豊浦寺の創建瓦」「豊浦寺の伽藍配置について」）。飛鳥川を挟んで右岸（東）の飛鳥寺、左岸（西）の豊浦寺は、蘇我氏の僧寺と尼寺として一体的に造営がすすめられ、さらに若草伽藍造営ともつながることがうかびあがってきたのである。仏法興隆をめぐる馬子・推古・厩戸の密接な協力関係の、物的証しともいえよう。

蘇我氏の「向原家」

欽明十三年（五五二）十月条のいわゆる「仏教公伝」記事には、蘇我稲目が仏像を「小墾田（おはりだ）の家」に安置し、「向原（むくはら）の家」を浄めて寺としたとある。向原は、向原寺（広厳寺）のある明日香村豊浦、つまり豊浦寺／豊浦宮のあった一帯である（小墾田については次章参照）。

稲目の「向原の家」の一部は、馬子の息子の蝦夷にも伝領されたらしい。蝦夷は、推古十八年（六一〇）十月条に、四大夫（よたりのまえつきみ）（群臣）の一人として、「蘇我豊浦蝦夷臣（そがのとゆらのえみしのおみ）」の名で史上に登場する。その後、舒明八年（六三六）七月条や皇極三年（六四四）三月条では「豊浦大臣」と称されている。蝦夷の家／宅は、和泉の「大津の宅」（皇極三年三月条）や、「畝傍の家」（皇極元年（六四二）四月条）のほか、飛鳥の甘樫岡にもあったが、「豊浦大臣」の称からみて豊浦が本拠地だろう。

次章で述べるように、近年の発掘成果によると、小墾田宮は旧（阿倍）山田道を挟んで飛鳥寺の北に位置したらしい。稲目の「小墾田の家」「向原の家」を出発点として、飛鳥寺・豊浦宮・豊浦寺・（蝦夷の）〝豊浦の家〟がおかれた一帯は、稲目―馬子―蝦夷とつづく蘇我氏（いわゆる蘇我本宗家）にとって、中核的な政治拠点だったのである（大脇潔「蘇我氏の氏寺からみたその本拠」）。

「向原家」にまつわる話は、醍醐寺本『元興寺縁起』所収の「元興寺伽藍縁起并流記資財帳」（以下、「元興寺縁起」と記す）にも出てくる。「元興寺縁起」は、天平一九年（七四七）に提出されたとする元興寺（飛鳥寺）の縁起であるが、いわゆる豊浦寺系縁起にさまざまの増幅が加えられて成り立っている（福山敏男「飛鳥寺の創立」「豊浦寺の創立」、松木裕美「二種類の元興寺縁起」等）。扱いの極めて難しい史料である。その記述に史実の断片ないし核となる古伝承を見いだせるか否かは、考古学的知見、国語学的知見等も総合して慎重に見極めなければならない。

「牟久原の後宮」再考

欽明十三年（五五二）十月条の、稲目が「向原の家」を浄めて寺としたとの記事に対応する部分が、「元興寺縁起」ではおよそ次のように語られる。

天皇（欽明）が、百済から伝えられた「他国神」（仏）をどこに安置して礼拝するのかと問うたところ、大臣（稲目）は、「大〻王ノ後宮分シテ奉れる家」（額田部のキサキ宮として分け奉った家）が良いと答えた。天皇は「大大王」（額田部）を召して「汝の牟久原ノ後宮」を「他国ノ神ノ宮」にしたいと告げたところ、「大〻王」は仰せのままにとして後宮を奉った。「時ニ、其殿ニ坐テ礼シ始キ」（そこで、その殿に仏像を安置して拝礼を始めた）。

「元興寺縁起」のこの後の記述にも、「大〻王」「牟久原後宮」は何度か登場する。それらはいずれも明らかに、敏達のキサキである額田部とその「後宮」（キサキの宮）のことである。しかし右にみた部分は、欽明朝の仏教公伝時における稲目と欽明とのやりとりであるから、そこに「大〻王」（額田部）とその後宮が登場するのは明らかに大いなる時代錯誤である。

欽明朝のところに登場する「牟久原後宮」は、後に付加される際に、即位以前の推古の〝キサキの宮〟をさすものとしてこのような形になったが、元来は「牟久原殿」と記されていたとみられる（水野柳太郎「日本書紀と元興寺縁起」）。想定される原型から考えると、「時ニ、其殿ニ坐テ礼シ始キ」の「殿」とは、（額田部の「後宮」ではなく）「牟久原殿」を指すことになる。のちの敏達朝のところには、「大后大〻王」（額田部）と「池辺皇子」（用明）が「牟久原殿」を桜井に遷して「桜井道場」としたとある。欽明朝から敏達朝に存在したこの「牟久原殿」を、欽明キサキだった堅塩の〝キサキの宮〟と解してみてはどうだろうか。

「元興寺縁起」の冒頭は、「楷井等由羅宮治天下等与弥気賀斯岐夜比売命の生年一百、歳次癸酉

正月九日に、馬屋戸豊聡耳皇子、勅を受け（後略）」と、推古百歳の癸酉（六一三）年（実際は六一三年は推古の治世二一年にあたり、彼女は六〇歳）というありえない時代設定から始まり、推古による勅願を強調する内容である。様々な造作の手を加えて「元興寺縁起」が形づくられていく中で、そもそもは堅塩の〝キサキの宮〟を意味していた「牟久原殿」（稲目の向原家の一部）を、あとに登場する「大〻王」（額田部）の「後宮」と重ねあわせたために、全体が荒唐無稽な時代設定になったとも考えられよう。

堅塩と馬子

では、額田部と「向原の家」との接点はどこにあるのだろうか。一般的にいって双系社会では、父母の財は男女子が均等に相続するのが原則である。一族の中核となる財は、それとは別に族長のラインに添って継承されることも多い。こうした一般原則をふまえると、額田部は稲目の孫として母堅塩を介して、蝦夷も同じく稲目の孫として父馬子を介して、それぞれに「向原の家」の一部を伝領したことが想定できよう。

馬子は推古三四年（六二六）に没し、推古はその二年後に七五歳で亡くなった。馬子の没年齢は不明だが、平安後期の『扶桑略記』によれば七六歳である。世代でいえば馬子は推古の叔父だが、実年齢では二人はほぼ同年代だったのである。額田部の母堅塩と馬子は、史料に明証はないが年の離れた同母姉弟だったのではないだろうか。堅塩は欽明のキサキとして七男六女（うち二人は即位して用明・推古）を生んだ、蘇我氏にとってはきわめて重要な存在であり、年齢からいっても稲目の子世代における〝兄媛〟（長女）の立場にあったことは疑いない。

別居訪問婚という当時の婚姻慣行により、キサキの宮は大王の宮とは別の場所に設けられるのが通例だった（三崎裕子「キサキの宮の存在形態をめぐって」）。蘇我氏出身のキサキであれば、蘇我氏の宅の一つを〝キサキの宮〟とし、所生の御子たちをそこで生育したとの推定が成り立つ。額田部が堅塩の第四子として誕生したのは、欽明一五年（五五四）である。〝キサキの宮〟とはいっても、実態は蘇我氏邸宅の一隅にすぎなかったろう。馬子が堅塩の年若い同母弟だったとすれば、ほぼ同年代の額田部とは、幼少時を近接ないし同一区画内の邸宅でともに過ごす親密な間柄だったのではないだろうか。「牟久原殿」を、額田部の「後宮」ではなく、稲目の「向原家」の一画＝母堅塩の〝キサキの宮〟であり、額田部が生育した場所だったとみておきたい。

母堅塩の死後は、「牟久原殿」も額田部の「キサキの宮」の一つとして伝領／保持されたかもしれない。その後、群臣に大王として推挙されると、一ヶ月余でそこを宮殿「豊浦宮」に改装し、即位した。敏達・用明の宮が磐余地域、崇峻の倉梯宮もそのやや東方に置かれたのとは異なり、額田部はまさに蘇我氏と一体の大王として、蘇我氏の本拠地において即位したのである。「朕は蘇何（そが）より出でたり」（推古三十二年〈六二四〉十月条）との言葉も、もっともなことと肯けよう。

額田部と仏教

「桜井道場」には、馬子が出家させた善信尼（ぜんしんに）ら三人の尼が住み、彼女らが百済留学から帰国後にも、もとの「桜井寺」に住んだという。次章で述べるように、『書紀』および「元興寺縁起」にみえる善信尼たちの一連の物語は、語句／表記をめぐる近年の綿密な検討によると、『書紀』編纂時にある程度まとまった筆録伝承史料が存在していたらしい。馬子と額田部が、幼少時を「牟久原殿」（稲目の「向原家」の一角）でともに過ごしたとの本書の推定に従えば、そこは初期仏教の揺籃の地でもあったことになる。

敏達没後の混乱から馬子の崇峻殺しをへて推古（額田部）の即位まで、馬子と額田部は常に緊密に手をとりあって行動している。その間の額田部の主導的な動きをみれば、男子の適当な継承者がいなかったので馬子に〝中継ぎ〟として担がれただけ、といった従来の見方はあまりに皮相に過ぎよう。推古は二年（五九四）二月に「三宝興隆」詔を発し、仏教を新たな国造りの軸に据える政策を馬子とともに推進していく。その土台には、二人が共有する祖父稲目から引き継いだ仏教理解――「西蕃の諸国、一に皆礼う。豊秋日本、豈独り背かんや」（隣国である中国・朝鮮の諸国が皆、仏を拝礼している。ヤマトだけがそれに背くべきではない）――があったのである。

用明（池辺）は額田部の同母兄であるから、ともにこの仏教的環境で育ったはずである。しかし『書紀』が「仏法を信じ、神道を尊ぶ」（用明即位前紀）と強調する用明の〝崇仏〟とは、病の床にあって「朕、三宝に帰らんと思う」（仏に帰依したい）として群臣の意見を問う（同二年四月条）ものだった。病気回復を願っての個人の信仰、という要素が強い。推古と馬子による国家基本政策としての仏法興隆とは、かなり異なるのである。ここに用明と額田部の、統治者としての資質の違いを見て取ることもできるのではないか。

4　讃え名「炊屋姫」

「幼」名は額田部王

推古は、欽明二年（五四一）三月条の出生記事に「（堅塩媛所生の）四（よたり）（四番目の子）を、豊御食炊屋姫尊と曰（い）う」とあり、敏達四年（五七五）五月条の立后記事にも「豊御食炊屋姫を立てて皇后とす」とあるように、一貫して「豊御食炊屋姫」あるいは「炊屋姫」の名で記されている。『古事記』や各種金石文でも、表記はさまざまだが「（トヨミケ）カシキヤヒメ」の名で記されることは変わらない。『書紀』は、諡号のある天皇については、誕生の時から諡号で記すのがおよその原則である（敏達の渟中倉太玉敷、用明の橘豊日のように）。通常、「豊御食炊屋姫」も、死後に贈られた和風諡号（しごう）と理解されている。「推古」・「敏達」・「用明」等は、のちの奈良時代になってつけられた漢風諡号である。

本書ではここまで「額田部」と記してきたが、実は、「額田部」の名が知られるのは、『書紀』即位前紀に「豊御食炊屋姫天皇は、天国排開広庭（あめくにおしはらきひろにわ）天皇の中女（なかつめ）にして、橘豊日（たちばなとよひ）天皇の同母妹（いろど）なり。幼（わか）きときに額田部皇女と曰う」とあることによる。では、「額田部」が「幼」名だというのは、具体的にはいつまでのことだろうか。

他の即位前紀をみると、天武は「幼（わか）きときは大海人皇子（おおあまのみこ）」、持統は「少（わか）きときの名は鸕野讃良皇女（うののさらら）」である。推古の父欽明は三一歳で即位するにあたり、「余、幼年（としわか）く識（さと）り浅（すくな）くして、未だ政事（まつりごと）に閑（なら）わず」（私は幼く未熟で政治の経験が乏しい）と述べたとされる。六〜七世紀の大王たちは平均四〇歳以上で即位したので、欽明の三一歳は未熟と観念されたのである（仁藤敦史『女帝の世紀』）。推古の即位年齢は三九歳、天武は四三歳、持統は四六歳である。いずれも亡くなる迄の十数年から三十数年にわたり、統治権を行使した。

人口統計学からみると、奈良時代の人々の死亡平均年齢は約四〇歳だったらしい（田中禎昭「古代戸籍と年齢原理」）。逆にいえば、四〇歳まで生き延びた人間は「老（おとな）」であり、長寿の祝いの対象となった（服藤早苗『平安朝に老いを学ぶ』）。ここから考えると、六〜七世紀の大王／天皇について史書の記す「幼」／「少」は、即位の前を指す蓋然性が高い（長久保恭子「『和風諡号』の基礎的考察」）。即位ののちは、（実年齢の如何にかかわらず）長老としての振る舞いがもとめられたともいえようか。

寺院造営と炊女

次に、「カシキヤヒメ」について考えてみよう。諡号とは王を顕彰するものであり、臣下による評価の意味を持つ（榎村寛之「諡号より見た古代王権継承意識の変化」）。崇峻に諡号がなく「泊瀬部」のままなのは、王としての資質に欠けると評価されたからである。では「豊御食炊屋姫」の名は、どのような評価の意味を持つのだろうか。「御食（みけ）」「炊（かしき）」の字からは農耕祭祀で神饌を供献する巫女的役割が思い浮かぶとして、その意味での諡号という説もある。だがそれだけでは、なぜ特に推古について〝巫女〟との評価が成り立つのかわからない。一般的語義ではなく、当時の王権に関わっての「御食」「炊」の意味を考える必要があろう。そこで注目されるのが、「大安寺伽藍縁起幷流記資財帳」（以下、「大安寺縁起」と記す）の次のくだりである。

「此寺は、誰に授けて参来るそと、先帝の待ち問い賜わば、如何に答え申さん」と憂い賜いき。時に、近江宮御宇天皇奏く、「開い髻に墨刺を刺し、肩に鈋を負い、腰に斧を刺して奉らん」と奏き。仲天皇奏く、「妾も我が妋と、炊女として造り奉らん」と奏き。

（大意）

（斉明天皇が九州の朝倉宮で崩御せんとする時に、百済大寺〔のちの大安寺〕造営の行く末を案じて）、「『この寺の造営を誰に委ねてきたのか』と先帝（舒明）に問われたなら、どう答えたら良いのか」と憂いた。そこで息子の天智は、「私（＝開）が、髻に墨刺を刺し、肩に鈋を背負い、腰には斧を刺して（工となって）造り奉りましょう」と申し上げた。仲天皇も「私も我が妋（夫）とともに、炊女として造り奉りましょう」と申し上げた（そこで斉明は安心して亡くなった）。

『書紀』の記す天智の実名は「葛城皇子」（舒明即位前紀）または「開別皇子」（舒明十三年〔六四一〕十月条）、和風諡号は「天命開別」で、ここの「開い」（〝い〟は主格の強調助詞）の「開」は自称である。

「仲天皇」が誰をさすのかは、諸説あって定まらない。「妾」と自称しているので、女性の天皇であることは間違いない。代々の天皇に託されてきた大寺造営の事業に積極的に取り組む女性統治者の意志が、「炊女として造り奉る」という文言で表明されているのである。平安時代、平野社等の神社には「炊女（かしきめ）」という称の巫女がいた。神への供え物＝神饌（しんせん）奉仕に由来する巫女名称だとすれば、伝来当初、「蕃神（となりのくにのかみ）」「他国神（あたしくにのかみ）」として迎え入れられた「仏」に対する御食奉献（みけほうけん）の働きが、この縁起では「炊女」の語で示されていることになる。

男帝（天智天皇）の「工（たくみ）としての寺院建造」と、女帝（仲天皇）の「炊女（かしきめ）としての御食奉献」が対の形で語られ、両者あいまって王権による仏法興隆の意志表明となっているのである。とするならば、仏教伝来後の草創期にあって、王権による仏法興隆策を最初に積極的に推し進めた女性の大王を称えた名、それが「カシキヤヒメ」だったのではないか（義江明子「推古天皇の讃え名〝トヨミケカシキヤヒメ〟を巡る一考察」）。寺院には、「庁屋」や「湯屋」とともに「炊屋（かしきや）」も設けられていた。

仏法興隆／寺院造営にあたって、「御食奉献」＝「饗応」には大きな信仰上の意味があった。九世紀初にまとめられた仏教説話集『霊異記』下巻第十三話は、それをうかがわせて興味深い。おおよその内容は、次の通りである。

仏・工への饗応

奈良時代の中頃、美作国（みまさかのくに）の鉱山で崩落事故があり、役夫一人が閉じ込められた。役夫の妻子は観音像を図に描き、写経供養した。すると観音が沙弥に姿を変えて穴の中の役夫の前に現れ、「汝の妻子、我に飲食（おんじき）を供え、吾を雇いて勧め救わしむ」（そなたの妻子が我〔観音／沙弥〕に飲食を供え、〔その飲食を対価として〕吾を雇い汝を救わせたのだ）といって去った。やがて穴が開いて、役夫は助け出された。

仏像に飲食を供えて願い事をすれば仏はその願いに応じて働いてくれるという、まことに即物的な期待感（信仰）が、説話では〝（観音を）雇って救わせる〟という語りになるのである。この話のもとになったらしい中国の説話（『冥報記』上巻一八話）には、〝食物奉献～祈願に応じた救い〟という『霊異記』のモチーフはみられない。これはまさに、仏教が倭の社会に根をおろす過程での、当時の人々にとってわかりやすく受け入れやすい「他国神」理解だったのだろう。神秘な力を持つ仏像への信仰／期待は、仏像を造る仏師／画師への饗応・礼仰につながる。仏師に対しても「床に居えて食を饗し、対面いて共に食らい」、「長跪きて礼し」、仏像制作の願いがなされた（『霊異記』下巻第三十話）。仏像が完成すると、斎会を設け供養するのが常だった。

「元興寺縁起」でも飛鳥寺の造営開始は、「戊辰年ヲ以て、仮垣仮僧坊ヲ作り、六口の法師等ヲ住まわしむ。また桜井寺ノ内ニ作る屋ニ、工等ヲ住まわしむ。二寺ヲ作らんがため、寺木ヲ作らしむ」（崇峻元年〔五八八〕に、仮の僧坊を造って法師六人を住まわせた。桜井寺内に屋を作り、工人等を住まわせた。尼寺と法師寺を作るために、材木を作らせた）という形で語られる。本格的寺院建立のためには、僧侶と工人の招聘が必須だった。〝彼らの住まいを用意し、寺建築用の材木を切り出すところから第一歩が始まった〟という、まことに具体的なイメージを伴った伝承の語り方が注目できよう。

蘇我氏／王権による寺院造営の目的は、仏法を軸に据えた倭国の国造りにあった。「大安寺縁起」のいう、〝工としての寺院建造〟と〝炊女としての御食奉献〟は、その課題に取り組む男女統治者の表象にほかならない。

元興寺の本尊丈六仏が完成（「元興寺縁起」所載「丈六光銘」によれば「己巳年」〈六〇九、推古一七〉）して、工鞍作鳥の働きで金堂に安置されると、その日に斎会が設けられ、数え切れないほど多くの人々が集った。この時から、寺毎に四月八日（灌仏会）・七月一五日（盂蘭盆会）の設斎が行われるようになったという（推古十四年〈六〇六〉四月条）。こうした大規模で定期的な斎会には、共食儀礼を通じて君臣が一体化し、君主に対する報恩を誓願する統合儀礼としての意味があった（古市晃「君臣統合における仏教の意義」）。

諡号と実名

「豊御食炊屋姫」が、仏法を軸に据えて国造りを行った大王を讃える意味をもつとすれば、それは死後に贈られた諡号だろうか。それとも生前からの讃え名だろうか。『記』『紀』ともに誕生時からトヨミケカシキヤヒメ／カシキヤヒメで記載する編纂方針をとっているので、いつからこの名が使われたのかはわからない。「元興寺縁起」や同所載「露盤銘」「丈六光銘」、「天寿国繡帳」などにもさまざまな古い用字で「トヨミケカシキヤヒメ」と記されているが、これらの資料一つ一つについて成立年代をめぐる議論があり、決め手にはならない。和風諡号の奉呈は安閑の頃からというのが現在の通説（和田萃「殯の基礎的考察」）だが、諡号奏上の確実な記録は持統が初見である。孝徳から文武までの和風諡号は、『書紀』編纂時の成立とする説もある（山田英雄「古代天皇の諡について」）。

『書紀』が巻頭に記す天皇名を継体以降でみてみると、実名、壮大な諡号、簡略な諡号がいりまじっている。継体の男大迹は実名であることが、『釈日本紀』「上宮記」逸文などの同時代史料で確認できる。安閑以降は、『記』『紀』ともに誕生時から和風諡号で記すのが原則なので、逆に、実名はわからなくなる。安閑の「勾大兄」や用明の「大兄」は、親族タームを基盤とした〝大兄〟名であって、実名ではない（「勾」は宮名）。ところが推古以降、『書紀』は天皇についても和風諡号だけでなく記事中で実名を記す（表4）。推古の時が、諡号の歴史の上で何らかの画期をなし、それが『書紀』の編纂方針の違いに表れているのではないか。

讃え名と王名

五世紀の雄略の『書紀』巻頭名は「大泊瀬幼武天皇」、『古事記』では「大長谷若建命」である。「辛亥年」（四七一）の稲荷山古墳出土鉄剣銘では「獲加多支鹵大王」、中国史書『宋書』倭国伝には「倭王武」と記されている。「武」は通常いわれているように、ワカタケル＝「幼武」にもとづく中国風の一字名だろう。「ワカタケル」は明らかに、生前の王名なのである。五世紀にはまだ、諡号の慣行は成立していない。そのため『書紀』の巻頭名も、「幼武」のままとなった（「大」は美称、「泊瀬」は、宮のおかれた地名）。

ではこれは実名だろうか。『宋書』記載の上表文に「昔より祖先自ら甲冑を着け、各地で戦ってきた」とあるように、倭王「武」は戦いによる領土拡大の功績を誇る〝軍事王〟だった。『書紀』は、雄略について「長りて伉健しきこと、人に過ぐ」とする（即位前紀）。成人するに及んで武勇をとどろかせた、という評価である。「ワカタケル」は、出生時につけられた実名ではなく、武功を顕わすに至ってからの讃え名とみるべきだろう。

伝承上の英雄ヤマトタケルは、実在の「ワカタケル」をモデルの一つとして造作されたともいわれ

表4　継体以降の和風諡号と実名（筆者作成）

漢風諡号	『書紀』巻頭記載名		実名	大兄名	備考
	和風諡号	実名			
継体		男大迹	男大迹		
安閑	広国押武金日			勾大兄	「勾」は宮／地名
宣化	武小広国押盾		（檜隈高田）		「檜隈」は宮／地名、高田も地名か
欽明	天国排開広庭				
敏達	渟中倉太玉敷				
用明	橘豊日			大兄	
崇峻		泊瀬部	泊瀬部		『古事記』は長谷部若雀
推古	豊御食炊屋姫		額田部		
舒明	息長足日広額		田村		
皇極	天豊財重日足姫		宝		
孝徳	天万豊日		軽		
斉明	（皇極重祚）				
天智	天命開別		葛城	中大兄	「開／開別」とも
天武	天渟中原瀛真人		大海人		
持統	高天原広野姫		鸕野讃良		

る。『古事記』によると、ヤマトタケルの実名は小碓、兄は大碓である。碓（うす）の大・小で対をなす同母兄弟名で、当時のごく自然な命名方法といえる。小碓は天皇の命令で西に遣わされ、熊襲建を討った。敗れた熊襲建は小碓の武勇を讃えて、「御名を献らん。今より後は、倭建御子と称うべし」といった。ここに、武勇にちなむ讃え名としての「ヤマトタケル」が誕生した。これは物語だが、すぐれた功績をあげた御子や豪族はこうした讃え名を得ることがあった、と推定することができよう。そうした英雄的人物が大王／族長となった場合、讃え名が王名／族長名ともなったとみておきたい。

「ワカタケル」が実名ではなく生前の讃え名であり、讃え名としての王名でもあったとすれば、「カシキヤヒメ」も、事蹟（国造りの基軸としての仏法興隆）にちなむ讃え名であり、それが即位後の王名となり、さらに諡号にもなったとみることができる。「トヨミケ（豊御食）」は仏法による国家繁栄を祈願する文言とすれば、あるいは、即位後に加えられた美称かもしれない。諡号とは、亡くなった王の事蹟を評価する意味を持つ。事蹟にちなむ讃え名が生前の王名となり、それがさらに諡号に転化したのだとすれば、推古は和風諡号成立の契機をなした重要な王だったといえよう。

第四章　遣隋使と仏教

1　三宝興隆

前方後円墳の終焉

崇峻五年（五九二）一一月に崇峻が殺され、翌一二月に群臣の推挙をうけて額田部が即位した。臣下による大王殺害という異常事態にもかかわらず、わずか一ヶ月で群臣一致しての額田部推戴となったのである。崇峻末年にはすでに馬子と額田部による実質的な権力掌握がなされており、群臣もそれを支持していたからだろう。

翌元年（五九三）九月、推古は同母兄の用明を、「磐余池上陵」から「河内磯長陵」に「改葬」した。用明が池上陵へ「葬」られたのは、用明二年（五八七）四月に死去してわずか三ヶ月後である。穴穂部・守屋討滅にいたる政治的混乱の中で、居宮である「磐余池辺双槻宮」の近くの小墳に慌ただしく葬られたのだろう。磯長の「用明陵」（春日向山古墳）は、一辺六〇メートルの方墳である。用明の前の敏達は、用明の「改葬」に先立ち、崇峻四年（五九一）四月に同じく磯長に「葬」られた。『書紀』の用字に注目すると、用明は池上陵が初「葬」で磯長は「改葬」だが、敏達はそれまでは仮埋葬で磯長が正式の初「葬」だったと推定される（第三章1節「穴穂部・守屋討滅」）。敏達が葬られた母石姫墓は、墳丘長約九三メートルの前方後円墳である（太子西山古墳）。大王墳の形態として、敏達は母墓への追葬により前方後円墳の最後となった。用明は方墳の最初である。

前方後円墳は古墳時代を代表する墳形で、三世紀中葉以降、列島各地で造られつづけてきた。円墳等もあるが、各地の各時期における大規模古墳（大首長の墳墓）は、六世紀末にいたるまではすべて前方後円墳である。規模の大小で序列づけつつ墳形としては同一の前方後円墳は、古墳時代が本質的には首長連合の体制だったことを示す。七世紀になると前方後円墳の営造は終わり、限られた支配者層が大型の方墳・円墳を営むようになる。新たな支配体制を目指す動きの始まりである（白石太一郎「前方後円墳の終焉」）。

畿内における最後の巨大前方後円墳は、五条野丸山古墳（墳丘長三一八メートル）である。被葬者については諸説あるが、欽明の可能性が高い（本章4節「堅塩媛改葬」）。大王墳では敏達から用明がまさに転換点であり、崇峻末年から推古初年にかけてその転換はなされた。主導者は、推古と馬子だろう。連合政権的性格からの脱却を目指して、以後、種々の政策が実施されていく。

讃え名「トヨトミミ」

推古元年（五九三）四月条には、「厩戸豊聡耳皇子（うまやとのとよとみみのみこ）を立てて皇太子とす。よりて録摂政（まつりごとふさねど）らしめ、万機（よろづのまつりごと）を以ちて悉（ことごと）くに委（ゆだ）ぬ」（厩戸を皇太子に立て、摂政せしめて国政を全て委ねた）とあり、それにつづけて、厩戸王の誕生にまつわる伝承とその聡明さを語り、父用明の宮の南の上殿に居したので「上宮厩戸豊聡耳太子」とたたえたとする。しかし皇太子制が成立するのは、七世紀末の浄御原令においてである。厩戸王立太子は史実ではない。厩戸を皇太子で摂政だったとするのが『書紀』編纂時の造作であることは、種々の角度から考察されている。では厩戸王はたんなる王族の一人だったのかといえば、そうはいえない。

『古事記』用明段では、母を「間人穴太部王」、弟たちを「久米王・殖栗王・茨田王」と通常の「王」号で記すのに対して、厩戸だけは「上宮之厩戸豊聡耳命」と「命」号である。『古事記』編纂段階で、すでに大王に準じる特別の扱いがなされていることがわかる。「上宮」は（用明の宮の南だったか否かはともかくとして）居宮による冠称で、「厩戸」は実名である。

「トヨトミミ」は、名前の由来を語る推古元年紀の伝承に「生れながらに能く言う。聖の智有り。壮に及びて、一に十人の訴を聞きて、失たず能く弁へ（後略）」（生まれながらに言葉を話し、聖人のように賢く、成人ののちは、一度に十人の訴えを聞いて間違いなく判別した）とあるように、極めて聡明だったことによる讃え名だろう。勿論、「生れながらに」はフィクションで、「壮に及びて」（『帝説』では「長大の時に至り」）、つまり、成人してのちに驚くほどの聡明さを発揮し、讃えられたのである。「元興寺縁起」所載「塔露盤銘」にも「有麻移刀等（巳）刀弥ゝ乃弥己等」とあり、「トヨトミミ」は生前の称とみてよい（仁藤敦史「「聖徳太子」の名号について」）。

法隆寺の釈迦三尊像光背は、厩戸没年の翌年である癸未年（六二三、推古三一）に銘文と一体で造立されとみられ（東野治之「法隆寺金堂釈迦三尊像の光背銘」）、そこには「上宮法皇」の語が刻まれている。「法皇」（法のキミ）という称号も、生前に成立していた可能性が高い（光背銘文の全体的理解は第五章1節「亀裂の萌芽」）。用明元年（五八六）正月条には「豊聡耳法大王」、『帝説』には「聖徳法王」とある。漢字表記としては「皇」＝「王」で、対応する倭語は「キミ」である。「法皇」を天皇号の成立と連動させる必要はなく、〝仏法に優れた王〟の意味である。「トヨトミミ」も、仏法理解に関わる傑出した聡明さを讃えたものだろう。

「万機総摂」への疑問

後世に作成されたことが明らかな各種の縁起文などと比較すると、釈迦三尊像光背銘文には天皇に結びつける意図がなく、〝太子〟についてのことさらな神秘化もみられない（前掲、東野「法隆寺金堂釈迦三尊像の光背銘」）。「トヨトミミ」の讃え名も含めて、生前ないし没後すぐの〝太子〟評価には、仏法理解の深さ（に対する当時の人々の賛嘆）は推量できるものの、政治に関わる事蹟はうかがえないことに注目したい。

『帝説』で厩戸の事蹟を述べた部分（八世紀初ごろの成立か）の冒頭には、「小治田宮御宇天皇の世、上宮厩戸豊聡耳命、嶋大臣（蘇我馬子）と共に天下の政を輔けて、三宝を興隆し、元興・四天皇等の寺を起つ」（推古の治世に、厩戸は馬子と共に国政を補佐し、仏法を興隆して元興寺・四天王寺等を起てた）とある。それが七二〇年成立の『書紀』では、「豊御食炊屋姫天皇の世に、東宮に位居す。万機を総摂し、天皇事したまう」（用明即位前紀）、「皇太子とす。仍りて録摂政らしめ、万機を以て悉くに委ぬ」（推古元年（五九三）四月条）というように、政治家としての太子像がさらに強調される。「皇太子」「東宮」として天皇にかわり政治万端を担ったという、太子〝摂政〟像の成立である。

しかし、『帝説』のいう「三宝興隆」事業の一つたる元興寺は、蘇我馬子が造営主体であることに疑問の余地はない。四天皇（王）寺も、出土瓦の考古学的分析によれば、六二〇年代～六三〇年代（推古朝末年～）に造営が始まり、六五〇年前後（孝徳朝）に完成したとみられる（佐藤隆「四天王寺の創建瓦」）。厩戸が四天王像を造って戦勝祈願し（崇峻即位前紀（五八七））、難波荒陵で四天王寺の造営を開始した（推古元年（五九七）是歳条）との『書紀』の記事は、いずれも虚構というしかない。

そもそも、『帝説』の甲午年（五七四、敏達三）誕生説にしたがえば、対物部戦争の時点で厩戸は一四歳、推古元年でも二〇歳にすぎない。二〇歳は現在では立派に成人の年齢だが、長老原理が優勢な六～七世紀当時にあっては、統治者としては四〇歳前後でやっと一人前だった。この慣行にてらせば、三九歳で即位した推古およびほぼ同年代の叔父馬子は、まさに働き盛りである。二〇歳になったばかりの厩戸が「輔政」し、ましてや天皇に代わって政治を担うことはありえない。

推古元年（五九三）紀から、厩戸関係の虚構――皇太子・万機摂政・誕育説話・四天王寺造営開始――を除くと、あとに残るのは、正月の「仏の舎利を以て、法興寺の刹の柱（仏塔の中心柱）の礎の中に置く」／「刹の柱を建つ」という法興寺（飛鳥寺）造営に関わる記事と、九月の河内磯長陵への用明改葬記事だけである。これが、推古初年の史実とみるべきだろう。

「三宝興隆」詔と飛鳥寺造営

治世二年目（五九四）の二月、推古は「三宝興隆」の詔を発した。「三宝」とは仏・法・僧のことである。この三年前の開皇十一年（五九一）、隋の文帝は「三宝紹隆」の詔を発している。中国には南朝梁の武帝の時代から皇帝の仏教擁護（による国家体制強化）の歴史があり、それを受けついでの文帝の「紹隆」詔である。それに対して倭国では、推古に至って初めて、大王自らが率先して仏法を「興隆」せんとの決意を示した。百済を通じて南朝／隋の〝仏教国家〟の情報が伝わり、「三宝興隆」詔につながったのだろう（石田尚豊「聖徳太子の生涯と思想」）。

皇太子及び大臣に詔して、三宝を興（おこ）し隆（さか）えしむ。是の時に、諸臣連等（もろもろのおみむらじたち）、各（おのおの）君親の恩（みめぐみ）の為に、競いて仏舎（ほとけのおおとの）を作る。即ち是を寺という。

（大意）

皇太子厩戸と大臣馬子に詔して、仏法を興隆させた。臣・連たち（朝廷に仕える豪族）は、天皇と親の恩に報いるために競って仏舎を作った。これを寺という。

「皇太子」の語は編纂段階の付加とみて省くと、推古が馬子との協調のもとうちだした治世最初の基本政策が、「三宝興隆」だったことになる。「君親の恩の為」とあるように、各氏族には大王のための造寺がもとめられた。率先してそれをなしたのが、蘇我氏（馬子）による飛鳥寺造営だった。

飛鳥寺は『書紀』によると、崇峻元年（五八八）に百済から仏舎利・僧侶と寺工（てらたくみ）・露盤博士（ろばんのはかせ）・瓦博士・画工等の工人を得て、飛鳥の真神原で造営が始まった。その後、同三年には山に入って寺の材を取り、同五年（五九二）に仏堂と歩廊、推古元年（五九六）に仏舎利を礎の中において刹柱を建て、推古四年（五九六）に造り終わったという（「元興寺縁起」所載「露盤銘」によれば塔の完成）。馬子の子善徳を寺司に拝し、高麗僧慧慈・百済僧慧聡が住った。同一三年（六〇五）には、諸王・諸臣と「共同誓願」して銅・繍の丈六仏を造りはじめ、翌一四年（六〇五）に造りおえた。鞍作止利作の銅像を「元興寺金堂」に坐せしめ、盛大な法会を行った（「元興寺縁起」所載「丈六光銘」によれば、像の完成は己巳年（六〇九、推古一七））。

元興寺禅室の古材（元興寺蔵）

これらの記事は、『書紀』の編者が「塔露盤銘」や「丈六光銘」等に拠りつつ配置したもので、一つ一つの年紀をそのままに受け取ることはできない（福山敏男「飛鳥寺の創立」）。しかし飛鳥から移転した奈良元興寺の禅室には、年輪年代によると五八八年直後伐採の巻斗を含む部材が保管されており、二〇〇七年の調査では、禅室屋根裏の使用部材に五八六年直後伐採のもののあることが確認された（奈良文化財研究所飛鳥資料館『飛鳥寺二〇十三』）。戊申年（五八八、崇峻元）の造営開始が、現存部材で裏付けられたことになる。

飛鳥寺の造営過程を全体的にみれば、馬子と額田部が対物部戦争に勝利して崇峻を擁立した頃に造営に着手し、推古朝初期に本格的に中枢部の建設がすすみ、十数年をかけて完成したことになる。技術者集団の来朝により、それまでの私邸を転用した寺や掘立柱の仏堂とは全く異質の、瓦葺・礎石建の本格的寺院の建造が可能になったのである。発掘で確認された一塔三金堂という飛鳥寺の伽藍配置は、従来は高句麗との類似性が指摘されてきた。百済寺院の発掘事例が増加するにつれ、現在では、中国南朝の寺院様式に高句麗の要素も取り入れ、百済で飛鳥様式につながる要素がほぼ出そろって、それが倭国に伝えられたと考えられている（前掲、飛鳥資料館『飛鳥寺二〇十三』）。推古朝に本格化する〝仏教国家〟の方向づけに、百済は深く関与していたのである。

「カシキヤヒメ」と「トヨトミミ」

馬子と額田部は叔父と姪の関係だが、年齢的にはほぼ同年代（三歳差か）で、生育期を稲目の「向原家」の一郭でともに過ごすこともあったと推定される（第三章3節「「向原家」と豊浦宮」）。馬子と額田部にとっての仏法とは、稲目から引きつがれた倭国繁栄のための国政理念にほかならない。「三宝興隆」詔は、「君親の恩の為」の造寺を各氏族にもとめた。仏法を軸とする君臣関係の強化が、国家の興隆につながるのである。そこでの統治者の役割は、仏法の外護者として造寺造仏に力を尽くし、諸氏族の造寺を促し支援することだった。推古の讃え名「トヨミケカシキヤヒメ」はまさに、〝御食奉献〟に象徴される仏法外護者としての彼女を讃えたものに他ならない。

仏法伝来の初期には、〝崇仏〟とはいっても、異国から伝えられた不思議な仏像（の持つ呪力）への礼拝が中心で、到底、教義の理解にまで及ぶものではなかったろう。「経論若干巻」も同時に伝えられはしたが、それを読み解き理解できるものは、倭国にはまだいなかった。「元興寺縁起」の語る初期の仏法の歴史が、もっぱら「像・灌仏具」等の〝モノ〟をいかに守り通したかという話で組み立てられているのも、そうみれば不思議はない。

だが以後、百済からの五経博士・僧等の交代上番があり（欽明一五年〔五五四〕二月条）、経論にあわせて僧尼・造仏工の献上もなされた（敏達七年〔五七八〕十一月条）。国内でも、渡来の還俗僧を師として、まず渡来氏族出身の尼が育成されたという（同十三年〔五八四〕是歳条）。本格的寺院建立のための技術的基盤が整うのと並行して、教学理解のための環境もわずかずつだが整っていったのである。

推古朝初年の高麗僧慧慈と百済僧慧聡の来朝は、大きな画期となった。それまでの渡来僧尼の多くが短期間で上番交代したのとは異なり、両僧は「仏教を弘演めて、並びに三宝の棟梁」となり（推古三年〔五九五〕五月是歳条）、法興寺に住んだ（同四年〔五九六〕十一月是月条）。両僧が仏法について「太子」（厩戸）にたずねると、あまりに鮮やかな答えだったので「是、実の真人なり」（真理を悟った人である）と賛嘆した（『伝暦』）というのは、もちろん後世に作り出された虚構に過ぎない。しかし、推古即位時に二〇歳頃だった厩戸にとって、深く仏法の教義にふれる環境ができたことは間違いない。『書紀』は、慧慈を師として厩戸は「内教」を学んだと記す（推古元年〔五九三〕四月条・三年〔五九五〕五月条）。

『書紀』の設定した〝摂政〟〝輔政〟などの統治に関わる要素を棚上げにすれば、推古初年における厩戸の客観的立場は、欽明孫世代における蘇我系有力御子という点にある。馬子・額田部が対物部戦争に勝利した丁未年（五八七）から推古即位にいたる数年間は、厩戸の一〇代後半にあたる。最上級の王族として、整い始めたばかりの仏法教義を学ぶ環境に容易にアクセスできる位置にいたといって良い。そこできわめて優れた理解を示したことが、「トヨトミミ」の讃え名を得ることにつながったのだろう。「元興寺縁起」には「聡耳」、『帝説』には「豊八聡耳」ともある。トヨは美称で、「トミミ」も「八・トミミ」も、聡明ですぐれた理解力を象徴する。人々の間で自然に形成された讃え名なので、表現にヴァリエーションがみられるのである。

王族の中で初めて深い教義理解に達した厩戸は、仏法外護者としての推古と馬子が打ち出した「三宝興隆」政策に、異なる立場からやや遅れて関わっていくことになる。

2　遣隋使派遣

隋と朝鮮三国

五八九年（開皇九、倭国では崇峻二）に隋が南朝の陳を倒して中国を統一すると、朝鮮三国と倭国にも影響は及び、新たな国際関係が模索されていく。五九〇年（開皇一〇、崇峻三）、高句麗は「遼東郡公高句麗王」に封じられ、すでに早く「帯方郡公百済王」に封じられながら陳とも通じていた百済は、使者を隋に送って陳を平らげたことを祝い、関係を安定させた。五九四年（開皇一四、推古二）には新羅もはじめて隋に朝貢し、「楽浪郡公新羅王」に封じられて、朝鮮三国がすべて隋の冊封下に入った。しかし五九八年（開皇一八、推古六）には高句麗と隋が衝突し、隋の遠征と撤兵が繰りかえされて六一八年の隋滅亡にいたる。

倭国は六世紀後半を通じて、いわゆる「任那（みまな）」復興問題とからんで新羅と軍事的緊張関係にあった。崇峻四年（五九一）には二万余の軍勢を筑紫に発遣し、崇峻が暗殺された時にもそのまま筑紫にとどめ、推古三年（五九五）七月に至りようやく引き上げた。五九四年（開皇一四、推古二）に朝鮮三国が隋の冊封体制下に入ったことで国際関係が一応安定したので、その翌年に、筑紫に待機させていた軍を引き上げたのだろう（井上光貞「推古朝外交の展開」）。

善信尼等の留学　『書紀』と「元興寺縁起」には、倭国で最初に出家し、百済に留学して戒法を学んだ善信尼たち三人の尼の物語がある。『書紀』によると、そのあらましは次のようである。

敏達一三年（五八四）、馬子の求めに応じて、司馬達等（しばたちと）の娘嶋（しま）が、他の二人の渡来系の少女二人とともに、高麗の還俗僧恵便（えびん）について出家した。嶋（善信尼）は、時に一一歳だった。その後、排仏による迫害があったが、馬子は終始、三尼を保護崇敬した。穴穂部が誅殺された直後の丁未年（ていび）（五八七、用明二）六月、善信尼たちは大臣馬子に百済に留学して受戒の法を学ぶことを願った。その時すぐには実現しなかったが、翌崇峻元年（五八八）に、百済から仏舎利・僧・寺工・博士等の献上があり、馬子は、帰国する百済の使者に善信尼等を託して遣した。二年後の崇峻三年（五九〇）三月、「学問尼」善信尼等は百済から帰国し、桜井寺に住した。

一連の物語は、『書紀』編者の手になる作り事にすぎないとの見方もある。しかし、敏達十四年（五八五）三月条の迫害記事にみえる「佐伯造」は、「元興寺縁起」には「佐俾岐」と記されている。これは七世紀後半の飛鳥京木簡にみえる「佐匹」と共通し、「佐伯」の古い表記法とみられる。「元興寺縁起」の元をなす「豊浦寺縁起」には善信尼等に関わる古伝が含まれていて、『書紀』はそれを参照したらしい（川尻秋生「飛鳥・白鳳文化」）。

また百済留学をめぐっては、『書紀』に「大臣」「馬子宿禰」とあるところが、「元興寺縁起」ではしばしば「官に曰しき」「官、許し遣わしき」というように「官」と記される。これはある部門の管理者／責任者である官人個人を「官」と記す用法で、七世紀前半～八世紀初の出土文字資料にいくつか例がある。「元興寺縁起」は、外交を担当した大臣馬子を、当時の用法にのっとって「官」と表記したのだろう。この点からも、善信尼たちの百済留学については、『書紀』を遡るまとまった文字史料があったと推定される（田中史生「『元興寺伽藍縁起幷流記資財帳』と出土文字資料」）。

古代の僧尼は、国家のために奉仕する官人としての側面が濃厚だった。国家による仏教受容の基本方針が定まり、「三宝興隆」詔が出されたばかりの六世紀末においては特にそうであったろう。三尼の伝承は、これまでは宗教史の流れで注目されてきた。最初の出家者が女だったことを、巫女の伝統からとらえる解釈もある。しかし、「官」である馬子による三尼発遣の話は、それが外交の一環としてなされたことを示唆する。「戒法」を学び国家に奉仕する僧尼を育成するという使命を担った善信尼たち三人の「学問尼」を、のちの遣隋使・遣唐使に随行した「学問僧」と同様に、官人的側面から捉え直してみることも必要だろう（義江明子「遣隋使・遣唐使になぜ女はいないのか」）。中国的官僚システムが本格的に導入される以前、官司制が未熟で豪族各々が分掌する政務の「官」であった六〜七世紀には、個別の豪族と人格的絆で結ばれた男女が〝官人〟としての役割を果たしたのである。

善信尼らの帰国した崇峻三年（五九〇）は、隋による中国統一の翌年である。彼女等が最新の国際情勢を倭国に伝えた可能性も、充分に考えられよう（前掲、井上「推古朝外交政策の展開」）。

六〇〇年の遣隋使

六〇〇年（開皇二〇、推古八）に、倭国は隋に遣使した。中国との通交は五世紀後半の倭王武以来で、約一二〇年ぶりである。この遣使の記録は中国側の史料（『隋書』倭国伝）にのみ見えて、『書紀』には記載がない。そのため、かつては九州の豪族による私的な派遣かといった説もあったが、近年では、正式の使者派遣として認める方向でほぼ一致している（気賀澤保規「『隋書』倭国伝からみた遣隋使」）。

『隋書』によると、倭の風俗をたずねられた使者は「倭王は天を以て兄となし、日を以て弟となす。天未だ明けざる時、出でて政を聴き、跏趺して坐す。日出れば便ち理務を停め、我が弟に委ねんと云う」（倭王は天を兄とし、太陽を弟としている。夜が明けないうちに政殿に出て政治を行い、あぐらで坐る。日が昇ると政務をやめ、「弟である太陽にまかせよう」という）と答えた。これをきいた隋の高祖（文帝）は、「此、太だ義理なし」（道理にあわない）として、訓令してやめさせた。自然と一体化した半ば呪術的な政治が、文明先進国中国の統治システムとは大きな隔たりがあることを、倭国の支配層は思い知らされたのである。それが、『書紀』にこの遣使を記さない理由だろう。

使者の帰国後、倭国では官制秩序・外交儀礼等の整備が急ピッチですすみ、文明国としての形を整えた。こうして七年後の推古一五年（六〇七）、『書紀』の記録する第一回の遣隋使小野妹子の派遣が実現する。

「アメタリシヒコ」

六〇〇年の使者は隋からの問いに対して、「倭王の姓は阿毎、字は多利思比孤、号は阿輩雞弥」、「王妻の号は雞弥」、「太子を名づけて利（和）歌弥多弗利となす」と答えた。当時の倭国の王権の一般的構造をうかがうことのできる貴重な史料である（荒木敏夫「倭王・王妻・太子」）。

五世紀の「倭の五王」は、中国に対して「倭」姓を名乗ってきた（「倭讃」「倭斉」など）。この「倭」姓は中国の姓とは異なり、父系出自集団の名称ではない。中国皇帝の君臣秩序内に包摂され官爵を得るための対外的名乗り、いわば「冊封用の名」である（吉田孝『日本の誕生』）。同様に、高句麗王は「高」姓、百済（扶余）王は「余」姓を名乗った。五世紀当時の倭に父系出自集団は存在しない。王位の継承も、一つの血統に固定してはいなかった。「倭」姓を名乗り中国皇帝から「倭王」に任じられることで、統治者としての正統性を獲得したのである。

倭の王権が中国に対して官爵授与＝冊封を求めないのであれば、「倭」姓の名乗りは不要になる。六世紀以後の大王は（現在の天皇に至るまで）、姓を持たない。臣下に姓を賜う唯一の存在となり、倭国内に独自の氏姓秩序を作りだしていくのである。『隋書』の伝える「アメタリシヒコ」は、世襲王権を形成するに至った倭の王たちが、〝天から下った／天の権威をおびた者〟と、倭語で自らを名乗ったことを示す。天孫降臨神話の原型が形成されつつあることをうかがわせる、名乗りである。
中国側は、それを自国の姓の観念に置き換えて、姓は「アメ」、字は「タリシヒコ」と記録した。〝「アメ」一族出身のタリシヒコ王〟とみなしたのだろう。官爵を授与するのでない以上、中国側にとっても中国基準の「姓」の名乗りは不要だった（義江明子『古代王権論』）。

古来、「アメタリシヒコ」の「ヒコ」を男性名接尾辞の「彦」とみて、推古ではなく厩戸をさすのだろう、実際の政治を行ったのは厩戸だった、等の議論が根強くある。聖徳太子摂政像の見直しからみてこの説には大いに疑問が持たれるが、「ヒコ」の語義からも再考の必要がある。

『古事記』歌謡においては、大王とその一族は「高光る日の御子」である（景行段・仁徳段）。また「弟日、僕らま」（弟の「日」であるぞ、我は）というヲケ王（オケ王＝仁賢の弟）の名乗り（『書紀』顕宗即位前紀）にみるように、「ヒ」は有力王族の自称でもある。蘇我氏の人々が「蘇我の子」（『書紀』推古二十年（六一二）一月条）であり、大久米主を祖とする大伴氏の人々が「久米の子」（神武即位前紀）であるのと同様に、大王の一族は「日の（御）子」だったのである。そこからさらに一歩すすんで、成立しつつある神話体系を背景に、新たに作り出された君主の自称が「アメ・タリシヒコ」なのだろう。そうみれば、男に限定する理由はない。

「ヒコ」が「彦」として男性名を表わす一般接尾辞になるのは、早くても七世紀後半以降と推定される。倭語「ヒコ」の表記は日子／比古など本来は多様だが、七二〇年成立の『書紀』は全て「彦」で統一されている。「美士を彦となす」（『爾雅』）という漢字の語義により、『書紀』は「彦」字を採用したのだろう（時野谷滋「『日本書紀』の用字三題」）。「ヒコ」＝「彦」＝男（士）の確立である。天皇の和風諡号では、男性名接尾辞の「彦」は仲哀以前の実在の不確かな天皇名（七世紀後半〜末頃に作りだされたか）に集中してみられ、実在の天皇名としては八世紀前半の聖武＝「天璽国押開豊桜彦」（諡号が奉呈されたのは天宝宝字二年〔七五八〕）だけである（前掲、義江『古代王権論』）。

「キミ」と「ワカミタフリ」

「阿輩雞弥」はアメキミとオホキミの二通りの訓みがある。「キミ」は大小の首長をさすもっとも一般的な倭語で、「大王」も「キミ」であり、「大夫」＝「マエツキミ」（大王の前で国政審議に関わる有力豪族たち）も「キミ」である。「アメキミ」＝「天君」とすれば、「キミ」＝首長たちの中でも特別の「アメ」一族の大首長ということになる。「オホキミ」＝「大王」だとしても、「キミ」たちの中の最高の者という相対的位置づけであることに変わりはない。ここで注目すべきは、百済や高句麗の王とも共通する漢語の「大王」ではなく、倭語で「オホキミ」と名乗ったことだろう。五世紀の「倭の五王」段階とは異なり、倭独自の秩序体系を築き、その中に自らの王権を位置づけようとしているのである。

「王妻」と「太子」に関わる記述も、倭王権の構造として読み解く必要がある。「太子を名づけて利（和）歌弥多弗利となす」について、かつては「和歌弥多弗利」（ワカミタフリ）を田村（推古の次に即位する舒明）のこととみなす説もあったが、音の類似によるこじつけに過ぎない。太子制の未成立からいっても、年齢的にみても、推古朝の初年に田村が「太子」的存在であろうはずもない（『紹運録』の記す没年齢によれば、田村は推古元年の生まれである）。この問題は、八世紀前半の長屋王木簡に男女のミコをさす「若翁」の表記があり、それが平安期の物語類にみえる「わかんどほり」の用法と共通するとの理解が示されて（東野治之『木簡が語る日本の古代』）、ほぼ氷解した。「ワカミタフリ」＝「わかんどほり」＝「若翁」（男女ミコ）である。

「王妻」に関わる記述も、この時の倭王が男王だったことを意味するわけではない。隋の側は、〝皇帝・皇后・太子〟から構成される中国の王権を前提として、倭語による「王」（男）・「王妻」（唯一人の嫡妻）・「太子」（唯一人の継承者男子）の称号をきいたのだろう。だが当時倭国は、そのような構成の王権を形成する段階に至ってはいなかった。倭国の使者は、王は「アメキミ／オホキミ」で、キリキたちは「キミ」、次世代の王族男女は「ワカミタフリ」と呼ばれているという、ごく大ざっぱな称号の使い分けしか示せなかったのである。

王とキサキが（豪族と共通する）「キミ」であること、王の御子たちが男女を区別しない「ワカミタフリ」（若御統か）であること、王位継承者だけをさす語の存在しないことが注目される。〝大王の隔絶した権威〟〝嫡妻としてのキサキ〟〝唯一の継承者としての太子〟のどれもが、未成立だったのである。この構造のもと、王権を構成する男女が原理的に均等であることも、みてとれよう。

六〇七年の遣隋使

使者の帰国後、倭国では初の本格的な宮殿である小墾田宮を造営し（推古一一年〔六〇三〕一〇月遷宮）、豪族たちを序列づけ冠の色で区別する冠位十二階を制定し（同年一二月）、宮門出入りの際の礼儀を改め（一二年〔六〇四〕九月）、服制を整えた（一三年〔六〇五〕閏七月）。外交儀礼を遂行するための道具立てが、まず必要だったのである。

推古一五年（六〇七）七月、大礼小野妹子が隋に向けて旅立った。大礼は制定されたばかりの冠位十二階の第五等で、のちの令制の正六位に相当する。冠位十二階は、氏姓制と異なり個人に授与されるという意味ではのちの官人制につながる第一歩だが、蘇我氏本宗や王族を含むかどうかは、説が分かれる。まずは外交の場面において、使者ないし迎接者が相手国の官品制と互換（読み替え）可能なように、国内序列システムを構築することが急務だったのである。

『書紀』には簡単な発遣の記事しかないが、『隋書』倭国伝によると、「王多利思比孤（たりしひこ）」の遣わした朝貢の使者は、次のように述べて仏教を学ぶことを求めたという。

聞く、海西の菩薩天子、重ねて仏法を興すと。故に遣わして朝拝せしめ、兼ねて沙門数十人来りて仏法を学ばしむ。

（大意）

海の西方の菩薩である天子は、仏教を興隆させているとおききしました。そこで、使者を派遣して天子を礼拝させ、同時に僧侶数十人を連れてきて仏教を学ばせようと思います。

六世紀以来、中国での仏教は統治思想としての意味を持ち、菩薩戒を受けた隋の文帝は、最高の仏教者たる君主（菩薩天子）として支配権の強化を図った。中国周辺の諸国にとって、皇帝を菩薩天子として讃え〝仏教的朝貢〟を行うことは、中国との国際関係に参入するに際して最も有効な方策だったのである（河上麻由子『古代東アジア世界の対外交渉と仏教』）。

国書の仏教色

倭国の使者は、「日出ずる処の天子、書を日没する処の天子に致す。恙無きや云云」という国書を持参し、それを覧た皇帝（煬帝）は不快感を顕わにして、「蕃夷の書、無礼なる者有り。復た以って聞（奏上）する勿れ」といったという。従来は、倭を太陽の昇る国として隋に優越させるかのような文言が怒りを招いたとの解釈もあった。しかし、「日出処」「日没処」は仏典の「大智度論」を典拠とし、たんに東方と西方の意味で上下の含意はない（東野治之「日出処・日本・ワークワーク」）。また「天子」も、中華思想における唯一最高の君主という意味での「天子」を自称したのではなく、須彌山の四方に複数存在する仏教的君主という意味で使ったとも考えられる（河内春人「遣隋使の「致書」国書と仏教」）。須彌山は、仏教で世界の中心をなすとされる山である。

『隋書』による限り、六〇〇年の遣隋使には仏教色はみられない。国書も持参した形跡はない。五世紀後半の倭王武以来一二〇年ぶりの遣使で、国情を伝え外交関係の端緒を探ろうとしたのだろう。ところが、呪術的未開性を改めるよう文帝から訓戒を受けてしまった。そこで国内の態勢を整えた上で、南朝との交流を通じて仏教外交に明るかった百済の手引きで、仏教色の濃い国書の作成が可能になったと推定される。

遣隋使は、隋の側からみればまぎれもなく朝貢の使者である。しかし倭国としては、六〇〇年（開皇二〇、推古八）の使者は冊封を求めず、「臣」と称さず、「倭姓」を名乗らず、倭語の王名・王号を隋に伝えた。六〇七年（大業三、推古一五）の使者も、仏教的世界観を共有することを強調して、（東の）「天子」と（西の）「天子」の通交を求めた。〝対等〟は主観的フィクションに過ぎないが、冊封下に入って存立をはかる朝鮮三国とは異なる外交姿勢を示そうとしたのだろう。とはいえ、同じく「天子」と称することは、隋の皇帝からすれば「無礼」極まりない。にもかかわらず隋は外交関係を破綻させることなく、妹子の帰国にあわせて答礼の使者裴世清を倭国に遣わした。当時、隋自身が突厥や高句麗との軍事的緊張を抱え、倭国との通交を必要としていたからである。

用明の御子たちの登場

六〇二年には百済と新羅、翌六〇三年には高句麗と新羅の間で軍事抗争が活発化することが知られ（『三国史記』）、三国はふたたび抗争期に入る。倭国は推古十年（六〇二）二月に、厩戸の同母弟来目を撃新羅将軍として、二万五千の兵を筑紫に派遣した。しかし来目は同地で翌年の二月に病没し、四月に来目の庶兄の当麻を征新羅将軍とするが、同行した妻舎人の病死により当麻は帰還し、征討は沙汰止みとなる。来目と当麻の将軍任命は、欽明孫世代の中で、用明の御子たちが重要な国事を担える年齢に達したことを示す。他方、同世代で敏達の御子である彦人と竹田の活躍は、全くしられない。二人の死没年は不明だが、この頃までには亡くなっていた可能性が高い。

厩戸は、推古九年（六〇一）に飛鳥から離れた斑鳩に宮室を興し、一三年（六〇五）に遷居した。推古元年（五九三）四月に「皇太子」となし、二年（五九四）二月に「皇太子」として三宝興隆詔を受けた、とする疑わしい記事を除けば、斑鳩宮遷居が『書紀』における厩戸の最初の登場となる。斑鳩を拠点として、一つの王族集団（上宮王家とよばれることになる）としての自立を計ったものだろう。斑鳩遷居は蘇我氏から距離を置こうとしたものという見方もあるが、飛鳥寺―豊浦寺―斑鳩寺（若草伽藍）の創建瓦の密接なつながり（七一頁）からもうかがえるように、（この時点では）推古・馬子と連携を保っての自立である。

国政を領導する推古と馬子が仏教を基軸とする国際関係を展開して行く上で、〝仏教教義に深い理解力をもつ有力王族〟厩戸の存在は重要だったろう。斑鳩寺の造営は、この役割にかなう。「嶋大臣（馬子）と共に天下の政を輔けて、三宝を興隆」したという『帝説』の厩戸評価は、この頃からならばあてはまるといってよい。斑鳩遷居の時点で厩戸は三二歳前後。傑出した聡明さを発揮したという「壮」（推古元年〔五九三〕四月条）の年齢である。「トヨトミミ」の讃え名も、この頃には成立していたかもしれない。

3　裴世清を迎えて

海石榴市のチマタでの迎接

推古一六年（六〇八）四月、妹子は隋使裴世清を伴い、百済を経由して帰国した。迎接のため、難波吉士雄成が筑紫に遣わされた。六月、一行は難波津に至った。難波での「迎労」から海石榴市のチマタでの「入京・郊労」を経て、小墾田宮での（隋からの）国書進上、饗宴、（倭国からの）国書付与という一連の外交が展開された。

迎接の過程は、『書紀』と『隋書』に対応する記事があり、『書紀』は実録風に詳細を伝えようとしていることがわかる。倭国が、中国からの使者に外交儀礼を披露した、画期的な晴れ舞台だったためだろう。

『書紀』推古十六年六月丙辰（十五日）条

客等、難波津に泊つ。是の日に、飾船三十艘を以ちて、客等を江口に迎えて新しき館に安置らしむ。是に中臣宮地連烏摩呂・大河内直糠手・船史王平を以ちて、掌客とす。

（大意）

客人たちは難波津に着いた。飾り船三〇艘で淀川河口に出迎え、新しく造った館に落ち着かせた。中臣烏摩呂・大河内糠手・船王平を接待係とした。

『同』同年八月癸卯（三日）条

唐の客、京に入る。是の日に、飾騎七十五匹を遣わして、唐客を海石榴市の術に迎う。額田部連比羅夫、以ちて礼の辞を告す。

（大意）

客人は京（飛鳥）に入った。飾り馬七五匹で客人を海石榴市の街路に迎え、額田部比羅夫が挨拶の言葉を述べた。

『隋書』倭国伝

倭王、小徳阿輩台を遣わし、数百人を従え、儀仗を設け、鼓角を鳴らして来たり迎えしむ。後十日、又た大礼可多毗を遣わし、二百余騎を従え郊労せしむ。

（大意）

倭王は、小徳の阿輩台（大河内の音か）を遣わし、武装した兵を整列させ、太鼓と角笛を鳴らして出迎えさせた。一〇日後には、大礼の可多毗（額田部の音か）を遣わし、二〇〇騎余りで京の郊外に出迎えさせた。

海石榴市に出迎えて礼辞を述べた額田部連比羅夫（「大礼可多毗」）は、氏姓からみて額田部王＝推古と密接な関係にある中級豪族だったと推定される。推古一八年（六一〇）一〇月の新羅・任那使迎接の折にも、比羅夫は「荘馬の長」として新羅の「客」を迎えた。のち推古一九（六一一）年五月に行われた菟田野の薬猟でも、大王・諸臣一行の「後の部領」をつとめている。推古に近侍する部隊長の役割である。

海石榴市のチマタは、上ツ道と横大路の交点である（図4「「磐余」の諸宮」三四頁）。『書紀』の迎接記事によればここが「入京」の地点、つまり小墾田宮を中心とする当時の京（宮処）への入り口だったのである。敏達キサキだった時の額田部の別業「海石榴市宮」も、その付近だろう。

小墾田宮の構造と外交儀礼

入京の九日後に裴世清は小墾田宮に入り、煬帝からの国書を奉呈した。その次第を、『書紀』は次のような流れで記す。

A 推古十六年八月壬子（十二日）条

・「客」等を「朝廷」に召す。
・阿倍鳥臣等二名を「客」の「導者」とする。
・隋の「信物」（進物）を「庭中」に置く。
・裴世清は再拝し、みずから国書を持ち、使の旨を言上。国書に曰く「（文面略）」と。
・導者の阿倍臣が進み出て国書を受け、大伴囓連が迎え出てそれを承け、「大門」の前の「机上」に置いて奏上し、退出。
・皇子・諸王・諸臣は、金の髪飾りを頭に挿し、錦・紫・繍・織等の衣服をきた。

ここからは、「庭中」に皇子～諸臣が参列して国書奉呈儀礼が行われ、その奥に「大門」があることがわかる。推古の姿はみえない。

B＝推古十八年に新羅・任那の使者を小墾田宮に迎えた際の次第、C＝山背大兄が病床の推古に対面して遺詔を聞いた際の記事も、小墾田宮の構造をうかがわせる重要な手がかりとされる。

B　推古十八年十月丙申（八日）条

・「客」等、「朝庭」を拝す。
・秦造河勝等二名を新羅の「導者」、間人連塩蓋等二名を任那の「導者」とする。
・「導者」は使者を引いて「南門」から入り、「庭中」に立つ。
・大伴咋・蘇我豊浦蝦夷・坂本糠手・阿倍鳥が「位」を起って、「庭」に伏す。
・両国の「客」が使旨を奏し、「四の大夫」が「大臣」（馬子）に啓す。
・大臣は「位」より起ち、「庁」の前に立って聴く。
・諸「客」に禄を賜った。

ここからは、「南門」を入ると「庭中／庭」があり、「大夫」「大臣」のいるべき位置（「位」）が定まっていること、「庭中」で〝使者―四人の「大夫」―「大臣」（馬子）〟へと使旨が口頭で奏上され、「大臣」は「庁」（執務建物）の前に立ってそれを聴く、という次第がわかる。推古の姿はない。

C　『書紀』舒明即位前紀

・（山背大兄は）天皇の病をきき馳せ参じて、「門下」に侍した。
・中臣連弥気が「禁省」より出て、天皇の命により山背を喚す。
・山背は、参進みて「閤門」に向かう。

・栗隈采女黒売（くるくまのうねめくろめ）が「庭中（おおば）」に迎えて、「大殿（おおとの）」に引き入れた。

・近習の栗下女王（くるもとのおおきみ）・女孺鮪女（にょじゅしびめ）等が天皇の側にあり、そこには田村（舒明）もいた。

ここからは、「門下」―「閤門」―「庭中」―「大殿」という構造がみてとれる。推古は「大殿」で病床にあり、「大殿」を含む「閤門」内が「禁省」である。Cの「庭中」は、A・Bの「庭中」とは異なる、閤門内

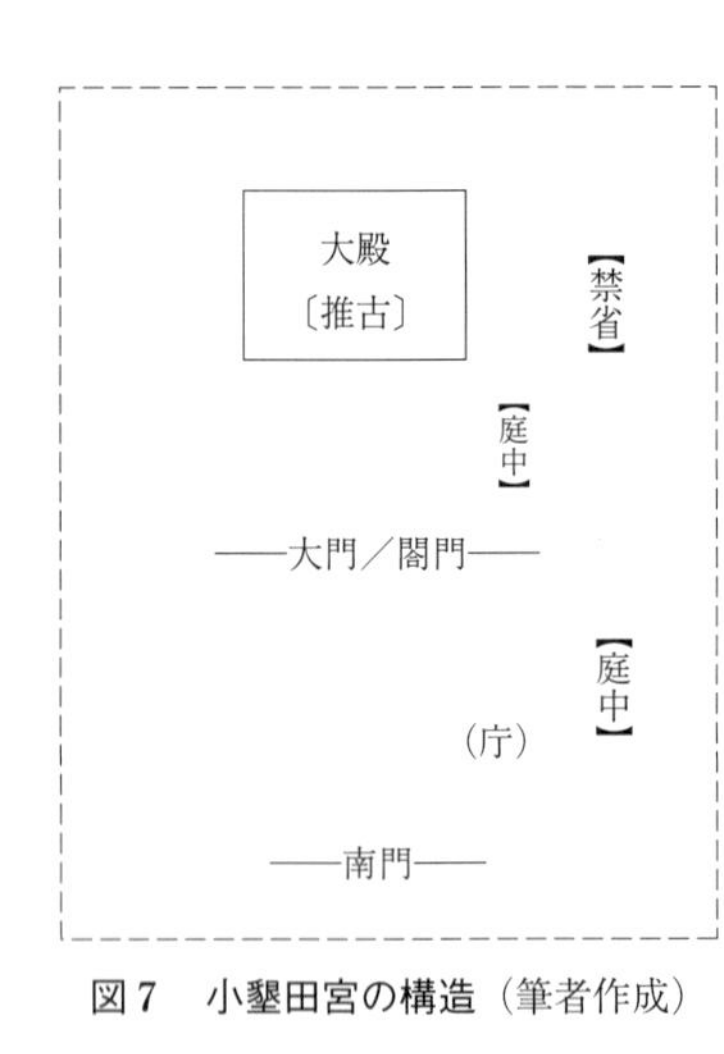

図7　小墾田宮の構造（筆者作成）

の「庭中」である（仁藤敦史「小墾田宮と浄御原宮」）。

小墾田宮の「庁」については、左右に庁が並ぶ朝堂院の原型が想定されてきた（岸俊男「朝堂の初歩的考察」）。しかし、七世紀後半以降の諸宮の発掘例等とも対比すると、庭の東西に対置された「庁」の存在には疑問がある（林部均「「小墾田宮」の復元」）。Bから、「大臣」と四人の「大夫」それぞれのいるべき「位」（場所）が定まっていたことはわかるが、「庁」が複数か左右対称かはわからない。「庁」前に立ち聴政すると明記されるのが「大臣」（馬子）だけであることを考えると、「庁」は一つだった可能性も高い。

A・B・Cの記述を総合すると、推古のいた小墾田宮は、図7のように復元できよう。

AとBを比較すると、「導者」がいること、推古の姿が見えないことは共通する。しかしBでは、「大臣」馬子が「大夫」を介して口頭で使旨を受け外交に関わる政務を処理するのに対し、Aには、「大臣」「大夫」の役割は記されない。初の隋使を迎え「国書」奉呈のなされたAと、新羅・任那使の口頭での使旨奏上であるBとの、外交儀礼としての格の違いを反映しているのだろう。Aでは、「大門」の奥にいる推古が倭国王として儀礼全体を主宰し、「国書」の奉呈を受けた。ここでの大臣・大夫は、（「庭中」に参列した）「諸臣」の中に包摂される存在である。Bでも推古は奥の「大殿」にいたと推定されるが、そのもとで「大臣」馬子が「庭中」での外交儀礼全体を統括する立場にある。いずれの場合も、王と臣下の序列は空間的・儀礼的に明らかである。

儀礼の明示する「朝庭」内序列

小墾田宮前後の諸宮に関わる記事も総合して考えると、「大門」奥の「禁省」には有力御子や群臣が必要に応じて招き入れられ、「大殿」／「庭」で会議（マエツキミによる合議）がなされたと推定される（前掲、仁藤「小墾田宮と浄御原宮」）。他方で「大門」前の「庭中」には、のちの朝堂院に相当する諸官司の政務の場は想定しにくい。日常政務は、宮外で行われていたのだろう。善信尼等の物語のところで見たように、七世紀前半までは、国政に関わる各部門は有力豪族が「官（つかさ）」として（各々の政治拠点である宅（やけ）で）統括していた。小墾田宮の構造が示唆するのは、こうした段階にふさわしい『朝庭』での政務のあり方である。

だが対中国外交の再開とそのための儀礼整備は、中央集権的な官司制が未熟な当時において、大王を頂点とする君臣序列を明確化する画期的な意味をもった。〝大王—諸王・諸臣〞〝大王—執政大臣—

大夫層〟という垂直の構造が、儀式の場で空間的／視角的に明示されたのである。遣隋使の派遣は、大臣馬子との緊密な連携のもと大夫層の総意を得て決定されたのだろうが、大王推古の主導的関与をそこに想定しても良いのではないか。

推古は隠されたか？

Aの裴世清国書奉呈記事に推古の姿がみえないことから、倭王が女であることを隋に対して隠そうとしたのではないか、馬子あるいは厩戸が「倭王」として裴世清に会ったのではないか、との議論がこれまでしばしばなされてきた。しかし、これは誤りである。推古だけではなく、倭王たちは外国からの使者には姿をみせないことが、通例だった。

五世紀後半のワカタケル大王（雄略＝武）は、「呉（くれ）」（中国南朝）からの使者を宮外の別処に安置し、迎接の「臣連（おみむらじ）」や接待役の「共食者（あいだけひと）」を遣わすだけで、自分自身は会見していない（雄略十四年正月条）。遡って三世紀の邪馬台国女王卑弥呼も、魏からの使者にはあわなかった。それが、「王と為（な）りてより以来、見ること有る者少なし」という『魏志』倭人伝の記述の背景にある（義江明子『つくられた卑弥呼』）。外国使の前に天皇が姿を現し接見するのは、律令制が導入され大極殿院を備えた藤原宮での朝賀・拝朝の儀が行われた、文武二年（六九八）以降のことである（田島公「外交と儀礼」）。

『魏志』倭人伝に、「詔書・印綬を奉じて倭国に詣（いた）り、倭王に拝仮（はいか）す」と記されていても、魏の使者が卑弥呼に直接対面したことを意味するわけではない。雄略の例を参考にすれば、王宮以外の場所で首長の誰かが応接したとみるべきだろう。裴世清についても、『隋書』倭国伝には「その王、清と相（あい）

見て、大いに悦びて曰く（後略）」（倭王は裴世清と会ってとても悦こんだ）とあるが、実際に倭王に直接会見したとは必ずしもいえない。実際には言上役の「大夫」を通じてなされたやりとりを、相手国の王は当然使者と会見するものという中国の「賓礼」の観念に照らして、このように記した可能性が高い（前掲、田島「外交と儀礼」）。

『隋書』が記す倭王と裴世清の応答には、〝隋を慕い教えを請う王に、皇帝の徳を語り諭す〟という、隋にとっての理想的上下関係が投影されている。『魏志』では、三世紀の卑弥呼を姿をみせない未開の王として描くことで、そのような辺縁の王をも冊封下に組み込んだ皇帝の勢威が誇示された。それに対し『隋書』では、文帝の訓戒を受けて文明国へと脱皮した七世紀の倭王が、化を慕って再び来たり、充分な礼を以て隋の答礼使を自国に迎えたことが、強調されているのである。

直接の対面はしなかったものの、小墾田宮の中にまで外国の使者を招きいれたことは、それまでの倭国の儀礼慣行に照らせば画期的な変化だった。それまでの大王宮（豊浦宮も）が基本的には大王の住まい（ヤケの一形態であるミヤ）だったのに対し、小墾田宮は、隋使来朝に備えて造られた、外交儀礼を展開できる初の本格的宮殿だったのである。のち七世紀後半の斉明の時には、小墾田宮・飛鳥寺の西に饗宴／外交施設が造られ、南の飛鳥宮につながる〝京〟空間が生み出されていく。

〝女主忌避〟をめぐる史実

推古が隋使の目からは隠されたのではないか、六〇〇年の遣使が伝えた「アメタリシヒコ」は男王に違いない、といった議論の際にしばしば参照されるのが、七世紀の新羅王善徳をめぐる〝女主忌避〟言説である。新羅では六三一年に真平王が没し、娘の善徳が王位を継いだ。これについて、朝鮮の歴史書『三国史記』（一二世紀半ば成立）によれば、高句麗・百済との戦いに救援を求めた善徳王の使者に対して、唐の太宗は「爾が国、婦人を以て主となし、隣国に軽侮せらる（中略）我、一宗枝を遣わし、与えて爾が国主となさん」（汝の国は女を王としているから隣国に侮られるのだ。我が一族の男子を遣わしての汝の国の王としよう）と述べたという。また同書には、「女主、善く理むること能わず」（女の王ではしっかり統治できない）として、毘曇等が国内で叛乱を起こしたともある。これらの記述から、七世紀の東アジア世界には女性統治者忌避の観念が広がっていたとして、中国の侮りを受けないように、女である推古の存在を隠したとみるのである。

しかし、この時代について最も信頼できるとされる中国の歴史書『旧唐書』（九四五年成立）新羅伝には、新羅による救援要請の記事だけで、〝女主忌避〟に関わる言葉はない。『冊府元亀』（一一世紀初成立）に至って初めて、「爾が国、婦人を以て主となし（後略）」という前述の『三国史記』とほぼ同文の文言が見える。これがそのまま『三国史記』に引き写されたのだろう。『三国史記』の作者金富軾は善徳王について、唐の則天武后の例も引きながら、女が政治に口を出すべきでないとの評を文末に加えている。〝女主忌避〟言説が、善徳王在世時の史実かどうかは疑わしい。玄宗朝（七一二〜七五六）に顕著になる武則天否定の動き（金子修一「則天武后」）を受けて、後世になるほど次第に肥大化・説話化の度合いを強めていき、それが『三国史記』にもとり込まれたとみられる（義江明子「新羅善徳王をめぐる〝女主忌避〟言説」）。

皇帝武則天（六九〇年即位、持統四年にあたる）出現の背景としては、唐朝前期は遊牧世界の影響が強く女性の活動も活発だったこと、国家形成期にあって官僚機構外の人間が政治を担い得たことなどがあげられる（気賀澤保規『則天武后』）。唐の高句麗平定の頃には、すでに武后は夫の高宗と並んで「二聖」政治を行っており、人材の登用に政治的能力を発揮した。善徳も「国人」に擁立されて王になり、六三五年（舒明七年にあたる）には父の封を襲いで、唐から「柱国楽浪郡公新羅王」の冊命を受けた。善徳の次にも女王真徳が擁立され、同様に唐から冊命された。太宗が女王を口実に新羅の国政への介入をはかったり、毘曇が叛乱の名目にかかげることはあり得ても、〝女主忌避〟が当時の東アジア世界の共通規範だったとは、到底いえない。

以上の史料批判をふまえれば、推古が隋使から隠されたとみることの誤りは明らかだろう。小墾田の宮の構造と儀礼、および倭国の外交慣行から確認したように、推古は儀式の主宰者として奥の「大殿」にいて、裴世清を「庭中」に迎え入れたのである。

古山田道と小墾田宮

小墾田宮の所在地は、かつては豊浦寺北方の「古宮土壇」周辺と考えられていた。しかしその後、雷丘東方遺跡から「小治田宮」と書かれた墨書土器が出土し、奈良時代に淳仁・称徳の行幸した小治田宮（『続日本紀』天平宝字四年〔七六〇〕八月条・同五年〔七六一〕正月条・天平神護元年〔七六五〕十月条）はその一帯だったことが明らかになった。

では推古の小墾田宮はどこにあったのかというと、近年は、古山田道との関連から飛鳥寺の北方に想定する説が有力である。裴世清一行を出迎えた海石榴市のチマタは、上ツ道と横大路の交点にあっ

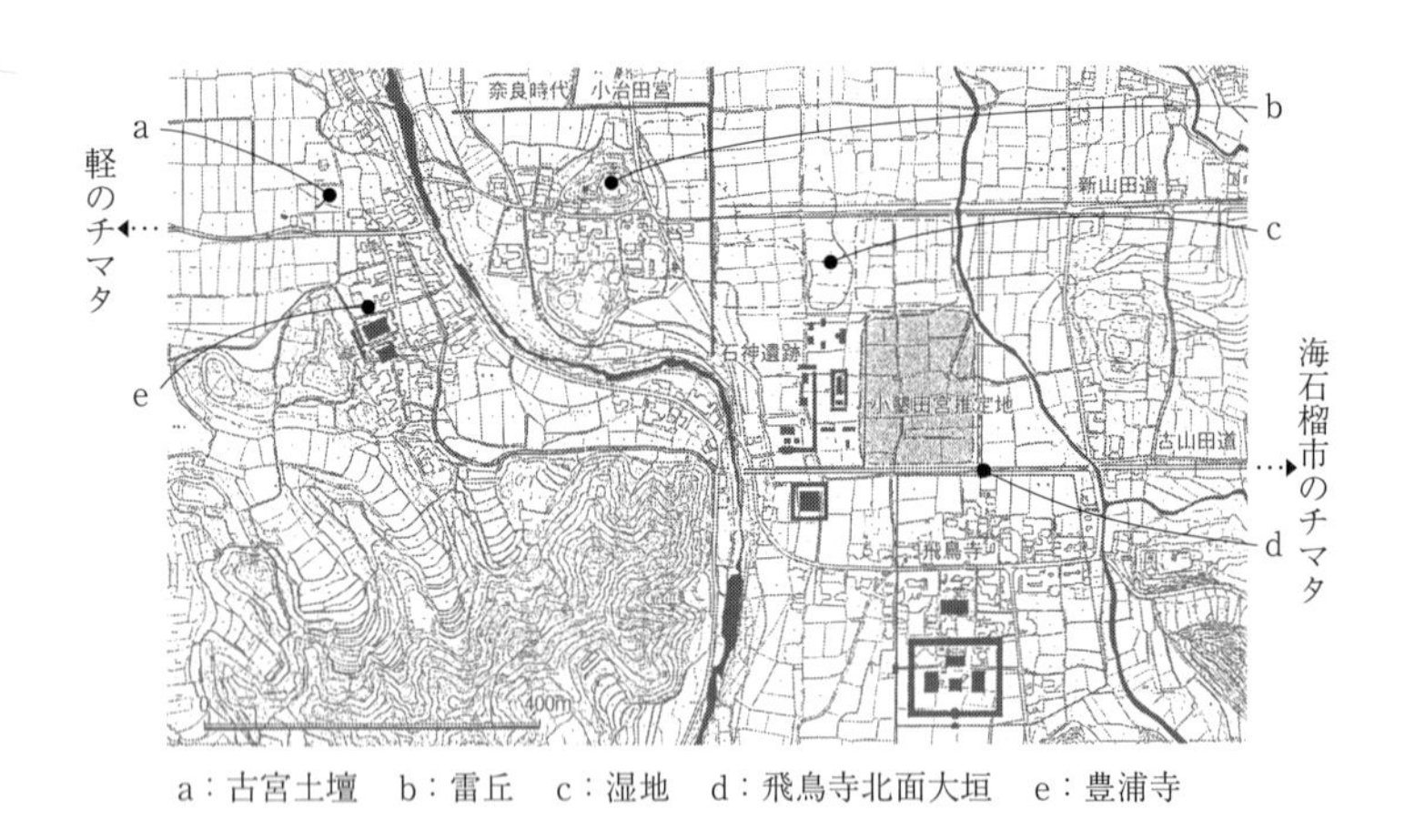

a：古宮土壇　b：雷丘　c：湿地　d：飛鳥寺北面大垣　e：豊浦寺

古山田道と小墾田宮推定地
（奈良文化財研究所飛鳥資料館蔵「古山田道と新山田道」図にa～eを筆者加筆）

た。そこから南西方向に向かってすすみ、横大路と平行して走る東西道路がいわゆる阿倍・山田道である。山田道を西に進むと、下ツ道との交点である軽のチマタに至る。

ところが発掘調査の結果、石神遺跡の北方は元来が湿地だったことがわかった。湿地を埋め立てて新山田道が整備されるのは、七世紀中頃以降と推定される。それ以前の古山田道は、湿地を迂回して山田を越えたあたりで南下し、飛鳥寺の北面大垣に沿って西行し、飛鳥川を渡ったのち、豊浦寺のあたりで左折し軽のチマタに向ったらしい。壬申の乱の時の「小墾田兵庫」（天武元年（六七二）六月条）の推定位置も勘案すると、当時の地名としては飛鳥寺北面大垣に沿う古山田道の南が飛鳥、北が小墾田で、推古の「小墾田宮」は飛鳥寺北方一帯にあったと考えられるのである（相原嘉之「飛鳥寺北方域の開

発」・奈良文化財研究所飛鳥資料館『飛鳥・藤原京への道』)。

裴世清一行は、海石榴市のチマタから飾り馬の儀仗に守られて古山田道を西行し、左手に三金堂と五重塔からなる壮麗な飛鳥寺をみながら、右手の小墾田宮の南門を入って「庭中」へと至ったことになる。「元興寺縁起」所載「丈六光銘」によると、「戊辰」年（六〇八、推古一六）に、「大隋国使主鴻臚寺掌客裴世清」が副使の「尚書祠部主事遍光高」等とともに、飛鳥寺に「来りて奉った」という。推古と馬子は稲目の想いを受け継ぎ、仏法を軸とする国造りを目指し国政を領導してきた。倭国初の本格的寺院として建造された飛鳥寺に隋使裴世清を迎えたこの日は、まさに感無量であったろう。

須弥山石（重要文化財）
（奈良文化財研究所飛鳥資料館蔵）

須彌山石と飛鳥大仏

のち推古二〇年（六一二）には、百済国から渡ってきた工人に命じて、小墾田宮の「南庭」に「須彌山の形」を築かせた。須彌山は仏教世界の中心をなす山で、それをかたどった石組み（形）を据えれば、そこが世界の中心と観念されるのである。仏教を受容した倭国は、それによって仏教的宇宙観・世界観を獲得し、仏法に帰依する王として中国皇帝と（対等に）向かいあう理論的根拠を得たことになる（石上英一「古代東アジア地域と日本」）。

飛鳥寺西方の石神遺跡の場所からは明治三五年（一九〇二）に、分解移動できる構造の須彌山石が発見された。石神遺跡は斉明朝の饗宴施設で、斉明三年（六五七）三月にも「須彌山の像（かたち）を飛鳥寺の西」に作り、南方の「覩貨邏人（とからひと）」を饗応している。推古二〇年に「須彌山の形」を据えた小墾田宮の「南庭」が、この場所につながる可能性もある（奈良文化財研究所飛鳥資料館『斉明紀』）。

飛鳥大仏の推定復元図
（奈良文化財研究所飛鳥資料館蔵）

止利（とり）仏師の造ったとされる本尊飛鳥大仏は、台座とともに創建当初の位置にあることが、一九五五年の調査で確認された。平城京に移転後も飛鳥の地に本元興寺として存続した飛鳥寺は、建久七年（一一九六）に落雷で焼失したが本尊の仏頭と手だけは残ったという（『上宮太子拾遺記』）。一九七三年の調査では、頭部・右手・膝上の左足裏および光背の一部に当初のものが遺存していることが確認された。推古が拝した仏の名残りである。

国書の「倭皇」「天皇」と「倭王」

裴世清のもたらした隋の国書には、『書紀』によると「皇帝、倭皇を問う」とあった。しかし『隋書』倭国伝では、裴世清の言に「皇帝の徳は二儀（日月）に並び、沢（恩沢）は四海に流る。王、化を慕うを以ての故に（後略）」とあるように、一貫して皇帝と（倭）王の関係である。『書紀』は、隋からの国書にあった「倭王」の文字を、「倭皇」に書き改めて収載したのだろう。

難波での饗応を終えた裴世清一行に副えて推古一六年（六〇八）九月、再び小野妹子を大使とする遣隋使が派遣された。『書紀』によれば、倭の国書には「東の天皇、敬みて西の皇帝に白す」とあった。実際の国書に「天皇」とあったのか、「倭王」の文字を『書紀』が「天皇」と書き改めたのかは、天皇号成立時期をめぐる論争と関わって諸説があり決めがたい。しかし、六〇七年の倭の国書に『日出ずる処の天子、書を日没する処の天子に致す」と書かれていたことは、『隋書』が煬帝の怒りとともに記録する史実である。再度の、隋に送る国書を作成するにあたって、皇帝と同じ「天子」と称する「無礼」はさけつつも、「皇帝」とは異なる倭国王独自の自称として「天皇」号を使ってみた、と考える余地はあるのではないか。〝自ら「倭王」とは名乗るまい〟とするのが、対隋外交における倭国の一貫した姿勢だった（前掲、井上「推古朝外交政策の展開」）。

推古朝には王族の漢語称号がさまざまに模索されていたことは、「天寿国繡帳」の多様な称号にもうかがえる（第六章1節「蘇我系王統の記念碑」）。その始まりとして、国書の「天子」「天皇」をとらえておきたい。それを隋の側がどう受けとめたかは、わからない。『隋書』倭国伝は、裴世清の帰国と倭国使の来貢を記したあと、「此の後、遂に絶ゆ」で一連の往復外交の記述を終える。

対隋外交と国家体制

推古一六年（六〇八）の遣隋使には、倭漢直福因等四名の学生と新漢人日文（旻）等四名の学問僧が同行した。八名とも渡来系氏族の出身者である。六〇七年の遣隋使にも学問僧は同行したらしい。『隋書』によれば、その時の使者の言として「沙門数十人来りて、仏法を学ばしむ」とある。菩薩天子の国で仏法を学ばせることが、留学生派遣の主な目的だったのである。

だが隋は、高句麗との抗争が尾を引き、六一八年に滅ぶ。隋滅亡後の推古三一年（六二三）七月、医恵日・福因等が新羅使に従って帰国し、「大唐国は、法式備り定れる珍の国なり。常に達うべし」（大唐は、法典・儀式の備わった素晴らしい国です。使いを送り、交わりを持つべきです）と奏上した。しかしこの提言から七年、推古没後の舒明二年（六三〇）に犬上御田鍬と薬師恵日を派遣するまで、唐への遣使はなされなかった。隋滅亡から唐建国の混乱期にあって外交方針を定め難かったこともあろうが、より根本的には、対隋外交の目的が仏法を軸とする国造りと国際的地位の確立にあり、必ずしも中国的な「法式」を備えた中央集権体制／官僚制（八世紀以降の律令体制につながる）を目指していたわけではなかったからだろう（鐘江宏之「「日本の七世紀史」再考」）。

4　堅塩媛改葬

「大王」と「蘇我の子」

治世二〇年目（六一二）を迎えた正月の宴で、五九歳となった推古に馬子は酒杯とともに次のような歌を献じ、推古もそれに和した。

〔馬子〕

やすみしし　我が大君の　隠ります　天の八十蔭　出で立たす　みそらを見れば　万代に　かくしもがも　千代にも　かくしもがも　畏みて　仕え奉らん　拝みて　仕えまつらん　歌献きまつる

（大意）

我が大君がお隠もりになる広々とした宮殿、お出ましになる御空をみますと、万代千代にこのように立派であって欲しいものです。畏み崇めてお仕え申しましょう。この祝歌を献上いたします。

〔推古〕

真蘇我よ　蘇我の子らは　馬ならば　日向の駒　太刀ならば　呉の真刀　諾しかも　蘇我の子らを　大君の　使わすらしき

（大意）

蘇我よ。蘇我一族の人々は、馬でいえば日向の良馬、太刀でいえば呉の利剣だ。もっともなことだ。蘇我一族の人々を大君がお使いになるのは。

強い連携のもとに権力を掌握し、王権と蘇我氏の双方を強大にしてきた推古と馬子の二人にとって、群臣を前に詠み交わす歌はまことに達成感に満ちたものであったろう。

堅塩媛を欽明陵へ

翌二月二〇日、推古と馬子にとっての一大イベントが挙行された。推古の母堅塩媛（蘇我稲目の娘で、馬子の姉）を、父欽明の「檜隈大陵」に改葬したのである。

東西をつなぐ山田道と南北をつなぐ下ツ道が交わる軽の衢（ちまた）で、盛大な誄（しのびごと）奏上の儀式が行われた。軽のチマタは、「軽の諸越（もろこし）の衢」（『霊異記』上巻第一話）といわれ、諸人の往来する交通の要衝である。阿倍内臣鳥（あべのうちのおみとり）が大王推古の誄、諸御子（みこ）らが序列にしがたってそれぞれの誄、中臣宮地連烏摩呂（なかとみのみやところのむらじをまろ）が大臣馬子の誄をたてまつり、最後に馬子が、「八腹臣（やはらのおみ）」（多数の蘇我一族の氏（うじ））を率いて、境部臣摩理勢（さかいべのおみまりせ）に「氏姓（うじかばね）の本（もと）」（堅塩媛の出自にかかわる蘇我一族の氏族的由来か）の誄を申させた。御子らの筆頭にいたのは、用明の子の厩戸であったろう。境部臣は蘇我一族を構成する氏の一つで、摩理勢は稲目の子、馬子の弟にあたる。のちに推古没後の王位継承をめぐって蝦夷（馬子の子）と対立し滅ぼされるが、この時点では、馬子を大族長にいただく蘇我一族の結束は堅い。霊への供え物はおびただしい量にのぼった。

父母同葬

六〜七世紀当時、大王と複数のキサキは、それぞれ別の墓に葬られるのが通例だった。推古の祖父母にあたる継体と手白香も、遠く離れた摂津と大和に古墳が営まれた。それぞれの代表する政治的勢力基盤の異なることが、別墓の背景にある。

継体の子の安閑と宣化については、大王とキサキの同葬かと思わせる記述が『書紀』にある。安閑は「河内の旧市高屋丘陵」で「皇后春日山田皇女及び天皇の妹神前皇女」との合葬（安閑二年十二月是月条）、宣化は「大倭国の身狭桃花鳥坂上陵」で「皇后橘皇女及び其の孺子」との合葬（宣化四年十一月丙寅条）とするのである。しかし『延喜式』では、安閑は「古市高屋丘陵」、春日山田は「古市高屋墓」で、兆域も異なる。宣化は「身狭桃花鳥坂上陵」だが、橘の墓の記載はない。『書紀』が同葬と記す事例を、『延喜式』は別々の墳墓とみているのである。

継体没後から安閑・宣化・欽明にかけては王位継承をめぐる紀年の混乱（内乱を想定する説もある）があり、安閑陵とされる高屋八幡山古墳も宣化陵とされる鳥屋ミサンザイ古墳も、当時の大王陵としてはきわめて規模が小さい。何らかの政治状況による緊急措置としての埋葬が考えられ、妹や孺子を合わせ埋葬することからしても、大王とキサキの夫婦同葬例とはいえない。

古代の文献史料を見渡すと、一般的に夫婦同葬慣行は存在しない（関口裕子「日本古代における夫婦合葬の一般的不在」）。奈良時代の貴族は夫婦別経営別墓で、それが国家の方針でもあったらしい（橋本義則「古代貴族の営墓と「家」」）。大王について考えた場合、キサキ相互の序列が不明瞭な六〜七世紀当時において、大王と一人のキサキの〝夫婦同葬〟はありえない。あるとすれば、あとを継いだ者による顕彰としての父母同葬だろう。欽明と堅塩の合葬は子の推古による顕彰としての〝父母同葬〟であり、天武と持統の合葬（檜隈大内陵）は、持統による自己顕彰としての〝両君同葬〟である。

欽明もそもそもは、石姫（敏達の母）や堅塩（用明・推古の母）・小姉（間人・崇峻の母）といったキサキたちとは別に、単独で葬られていた。『書紀』は石姫を「皇后」とするが、これは編纂時の観念によるもので、生前のキサキ相互の序列／力関係は不明である。だが欽明陵への改葬で、堅塩は序列第一位の特別のキサキとみなされることになった。盛大なパフォーマンスで改葬儀礼を行った推古と馬子の狙いは、そこにこそあろう。後追いで父母同葬を実現したことで、推古は〝父欽明と母堅塩の子〟として、双系的血統観による正統性を誇示し、馬子は堅塩―推古が〝蘇我より出た〟ことを諸豪族に強くアピールしたのである。軽のチマタでの儀礼が蘇我氏の「氏姓の本」の誄奏上でしめくくられたのは、まことに当然のことといわねばならない。

「檜隈大陵」と五条野丸山古墳

「檜隈大陵」（欽明三十二年九月条。『延喜式』では「檜隈坂合陵」）が奈良県高市郡のどの古墳にあたるかは、現在も諸説あり決着にいたらない。宮内庁が治定管理するのは平田梅山古墳だが、五条野丸山古墳をあてる説が近年は有力である。五条野丸山古墳は現状では後円部が不完全に残るだけだが、本来は全長三一〇メートルの巨大前方後円墳で、後期古墳としては全国最大規模である。

巨大な横穴式石室内に二つの石棺があることは明治時代から知られていたが、偶然の開口をきっかけに一九九一年に石室内の調査が行われ、二つある家形石棺のうち奥の棺は七世紀前半、手前の棺は六世紀後半であることが明らかになった。奥棺が改葬後の堅塩媛で、前棺が欽明とみられる。五条野丸山古墳＝欽明陵説は、これにより大きく裏付けられることとなったのである。石室の築造は六世紀後半～末だが、奥棺搬入の際に、石棺より幅の狭い羨道入り口を広げて補修した痕跡がある（土生田純之「最後の前方後円墳」）。追葬を想定せず欽明単独葬として築造された横穴式石室に、あとから堅塩媛が追葬されたのである。

ただし、五条野丸山古墳の所在地一帯の地名は軽で、檜隈ではない。そのため、「檜隈大陵」／「檜隈坂合陵」にはあてはまらないとの疑念が、その後も払拭されずにあった。しかし最近、関連地名の考証により、境＝「坂合」は軽に含まれ「檜隈」の地名はそこまで及ぶことが明らかにされた。逆に平田梅山古墳の所在地は軽ではないので、「檜隈坂合陵」ではありえないことになる（高橋照彦「欽明陵と檜隈陵」）。堅塩媛が改葬された「檜隈大陵／檜隈坂合陵」は、五条野丸山古墳とみて良いであろう。

大王である欽明の棺を横にどかし、奥の正面にキサキ堅塩媛の棺を据えるのはいかにも乱暴なようだが、この改葬儀礼全体が、治世二〇年目の安定期を迎えた推古による母堅塩媛の顕彰であり、白らの出自と勢力基盤が蘇我氏にあることの確認・誇示だったことを思えば、不思議はない。下ツ道は五条野丸山古墳の前方部正面を基点とする南北道で、阿倍山田道との交点である軽のチマタで堅塩媛の改葬儀礼は行われた。盛大な葬列は、そこから南下して五条野丸山古墳＝「檜隈大陵／檜隈坂合陵」

に向かったのだろう。

「檜隈陵」と平田梅山古墳

堅塩媛改葬から八年後の推古二八年（六二〇）一〇月、「檜隈陵」の修復／荘厳化がなされた。

砂礫を以ちて檜隈陵の上に葺く。則ち域外に土を積みて山を成す。仍りて氏毎に科せて、大柱を土の山の上に建てしむ。時に倭漢坂上直が樹てつる柱、勝れて太だ高し。故、時の人、号けて大柱直と曰う。

（大意）

小石を檜隈陵の上に葺いた。陵域のまわりには土を盛り、氏毎に割り当てて、大きな柱をその土山に建てさせた。倭漢坂上直の立てた柱が他の柱よりはるかに高かったので、人々は坂上直を大柱直となづけた。

通説では、この「檜隈陵」を「檜隈大陵」のこととする。しかし五条野丸山古墳には墳丘上の葺石はなく、周囲に大柱の痕跡もない。一方で平田梅山古墳（宮内庁の治定管理する「欽明陵」）の墳丘は砂礫で覆われ、近世には「石山」とも呼ばれていた。「大柱」にあたると思われる巨大な柱根も、明和八年（一七七二）に古墳南方の小字「池田」で見つかっている。

五条野丸山古墳が「檜隈大陵」（欽明陵）であり、砂礫を葺き大柱をたてた「檜隈陵」は平田梅山古墳にあたるとすれば、後者には欽明以外の誰かが葬られていることになる。『延喜式』では、吉備姫王（皇極の母、欽明と堅塩の孫）の「檜隈墓」を「檜隈陵域の内にあり」とするが、この「檜隈墓」に該当しそうなのは平田梅山古墳東方の金塚古墳で、五条野丸山古墳の周囲にはそうした古墳はない。『書紀』推古二十八年十月条および『延喜式』にいう「檜隈陵」は、平田梅山古墳とみるしかない。

「檜隈陵」の被葬者

平田梅山古墳は、五条野丸山古墳の南方約二キロメートルの地点に位置する、全長約一四〇メートルの前方後円墳である。五条野丸山古墳を真の欽明陵とみた場合の平田梅山古墳の被葬者についても諸説が乱立するが、もっとも有力なのは蘇我稲目説だろう。もっともこれについては、臣下の墓を「陵（みささぎ）」と称することへの疑念がある。しかし、『書紀』が「葛城埴口丘陵（かづらきのはにくちのおか）」とする飯豊青（いいとよのあお）（顕宗・仁賢の姉／姨）は、『延喜式』では「埴口墓」、厩戸の「磯長陵」も『延喜式』では「磯長墓」である。彦人の「成相墓（ならい）」は、文武四年（七〇〇）でも「成会山陵（ならい）」だった（『続日本紀』同年八月戊申条）。「陵」と「墓」の厳格な区別が形成されるのは、大宝以降のことである（北康宏「律令国家陵墓制度の基礎的研究」）。

蝦夷・入鹿父子の墓を「大陵（おおみささぎ）」「小陵（みささぎ）」と称した（皇極元年〔六四〇〕是歳条）というのは、蘇我氏の専横ぶりを強調する記事だが、『書紀』編纂時のそうした意図を棚上げにすれば、蘇我氏族長の墓を当時は「陵」と称していたとみることもできよう。推古には、欽明と稲目を始祖とするとの自覚が、強烈にあった（第六章1節「蘇我系王統の記念碑」）。稲目の墓を「陵」と称することは、充分にあり得たのではないか。

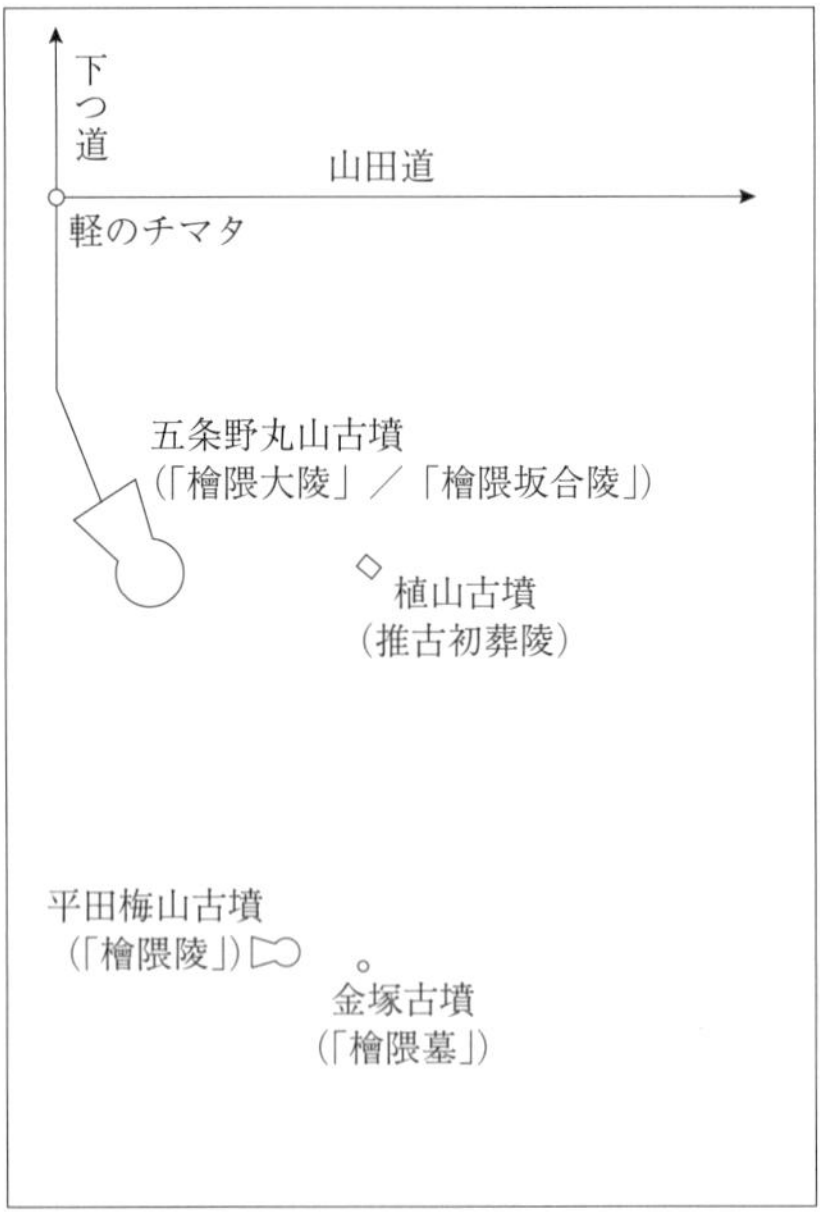

図8　「檜隈大陵」「檜隈陵」と植山古墳
(筆者作成)

『延喜式』には、「檜隈」を冠する陵名が「檜隈坂合陵」(欽明)・「檜隈大内陵」(天武+持統)・「檜隈安古岡上陵」(文武)の三陵あるが、名称としては明確に書き分けられている。吉備姫王「檜隈墓」の注に記される「檜隈陵」は、この三陵のどれとも異なる平田梅山古墳(稲目墓)の古称であり、それが陵墓歴名作成過程でここに紛れ込んだものとみておきたい。欽明と稲目の死去はほぼ同時期で、両古墳の築造時期も同様である。

のちのことになるが、推古は死去にあたって、早世した息子竹田の「陵」への同葬を望んだ。「檜隈大陵」(欽明)=五条野丸山古墳の東方四〇〇メートルほどに位置する「植山古墳」である(第五章3節「二つの推古陵」)(図8)。

第五章　遺詔の重み

1　亀裂の萌芽

厩戸の死　『書紀』によれば、厩戸は推古二九年（六二一）二月五日に斑鳩宮で没した。しかし「天寿国繡帳銘」（以下、「繡帳銘」と記す）には、辛巳（六二一、推古二九）の十二月廿一日に「孔部間人母王崩」、明年壬午（六二二、推古三〇）二月廿二日の夜半に「太子崩」とする。『帝説』でも「壬午年二月廿二日夜半、聖王薨逝」である。「法隆寺釈迦三尊像光背銘」（以下、「釈迦三尊光背銘」と記す）にも、辛巳十二月に「鬼前太后」（間人）が崩じたのち、明年二月廿一日に「王后」（膳妃）、翌日に「法皇」が亡くなったとする。こうしたことから、厩戸の没年は壬午年（六二二、推古三〇）二月二二日とするのが通説である。生年についても異伝があるが、一般には『帝説』にいう庚午年（五七四、敏達三）が正しいとされるので、それにしたがえば没時には四九歳である。

すでに述べたように、推古一三年（六〇五）の斑鳩宮への遷居は、（後世に加えられた）「皇太子」記事や奇瑞の物語を除くと、厩戸の『書紀』登場の最初であり、蘇我系御子としての自立を意味する。遷居時の厩戸の推定年齢は三二歳前後だから、働き盛りの三〇～四〇代の二〇年間を、斑鳩の地で寺院の造営と独自の思索、そして「上宮王家」の経営に専念したことになる。

墓については、『書紀』に「磯長陵」（推古二十九年（六二一）二月是月条）、『帝説』（八世紀前半成立かとされる部分）に「川内志奈我岡（かわちのしながおか）」とあり、『延喜式』では「礎長墓」である。現在、大阪府太子町の叡福寺境内にある「太子墓」（叡福寺北古墳、径三五メートル内外の円墳）がそれにあたるとされ、由緒では間人・「太子」・膳妃を合葬したとするが、疑問が多い。古代の史料に合葬の記録はなく、太子信仰の隆盛とともに釈迦三尊になぞらえて三体合葬の形が作り出されたともみられる（池田貴則「磯長谷古墳群の概要」）。古墳の築造年代は、石室の構造、墳丘裾出土の土師器などからみて、厩戸の没年（六二二）よりやや下るという。

厩戸の死は、六九歳の推古にとって大きな痛手であったろう。「三宝興隆」を理念面で支えた重要な存在というだけではない。欽明孫世代にあって、厩戸は竹田亡きあとの最年長蘇我系御子である。推古は自らの複数の子女を厩戸と婚姻させ、次代を担う王統を作りだそうと長年にわたって努力を重ねてきた。しかし結局、それは実を結ばずに終わってしまったのである。

推古の子女婚姻策

図5「敏達子孫の内婚」（三六頁）で、彦人とその子田村（舒明）が蘇我系・非蘇我系双方との婚姻を重ねている状況を示した。ここでは、推古による婚姻策

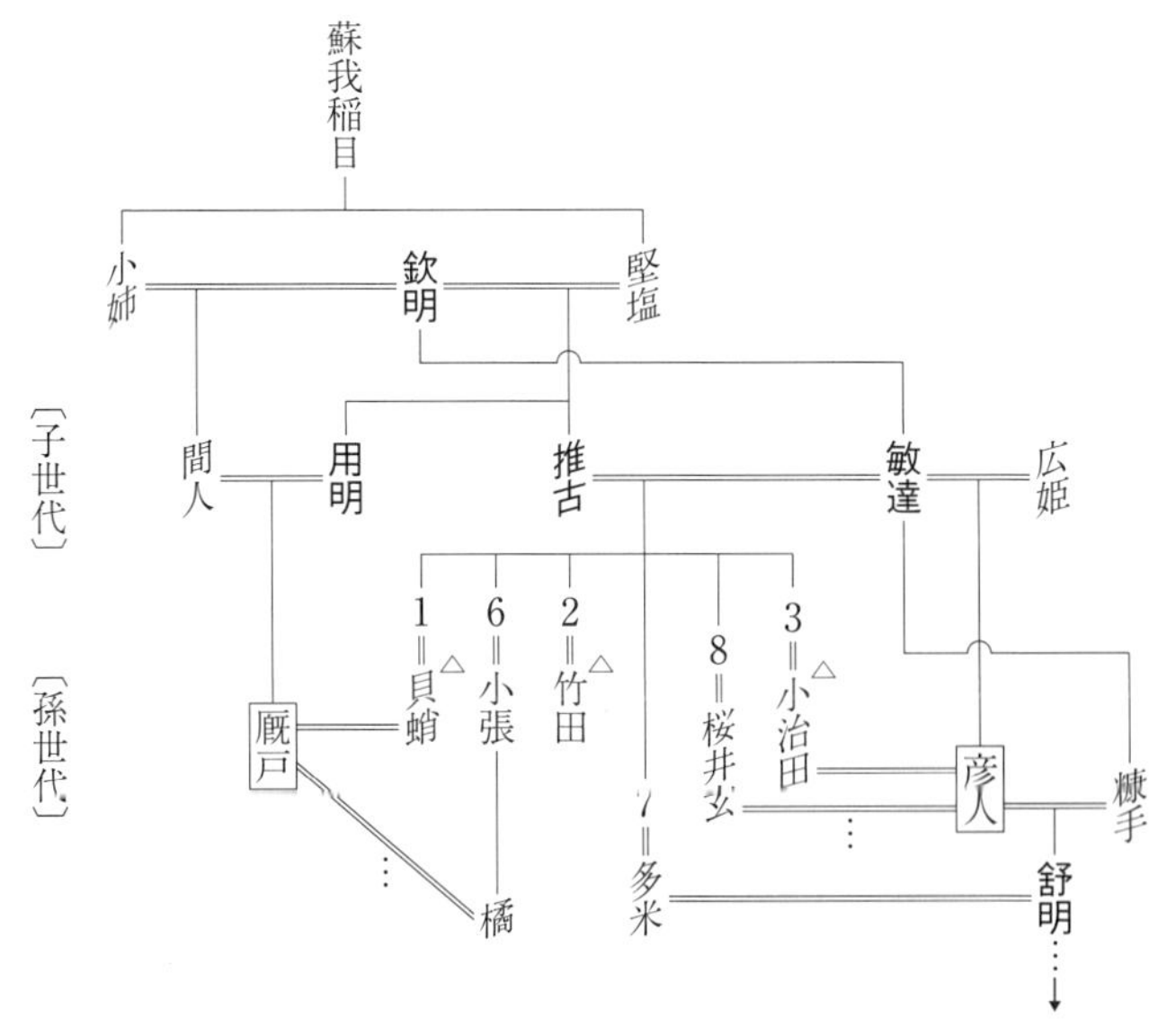

図9　推古子女と彦人・厩戸の婚姻（筆者作成）

注：太字は天皇，斜字は女性，数字は『古事記』記載の推古子女出生順，△は所生子なく死去，…は所生子があることを示す。

という観点から、推古子女と彦人・厩戸両者との婚姻関係をみてみよう。『古事記』によれば敏達と推古の間に生まれた子女は「八柱」（男女八名）だが、『書紀』には葛城王を除き「二男五女」とする。図9をみれば明らかなように、推古は四人の娘のうち二人を彦人、一人を厩戸、一人を彦人の子舒明に娶（めあわ）せ、さらに孫娘一人を厩戸と婚姻させている。次代への継承を視野に入れ、使える限りの持ち駒を総動員して、非蘇我系御子である彦人を自己の側に取り込み、厩戸とは蘇我系御子内部での結束をさらに固めようとしたのである。

　これらの婚姻の行われた年代を、

可能な限りで推定してみよう。額田部は欽明三二年（五七一）に一八歳で即位前の敏達のキサキとなり、敏達崩御（五八五）までの一四年間に七〜八名の子女を設けた。第一子の貝蛸が敏達元年（五七二）の生まれと仮定すれば、推古即位時（五九三年）には、二二歳である。その時に厩戸は二〇歳であるから、推古は即位後ただちに次代をみすえた婚姻策として、まず厩戸に貝蛸を娶せたとみることもできる。あるいは、貝蛸が母と同様に一八歳で厩戸妃となったと仮定すれば、崇峻二年（五八九）に一六歳の厩戸と婚姻したことになる。崇峻擁立は「炊屋姫尊」と群臣によってなされたので、額田部はこの時点で馬子とともに実質的に権力を掌握していたとみて良い（第三章2節「群臣推挙による即位」）。崇峻擁立から即位前後までのどこかの時点で、まず長女を娶せて蘇我系の厩戸との結束を固めたとみておきたい。

しかし貝蛸は、子が生まれないままに死去したらしい。おそらくその後に、推古は孫娘の橘をさらに厩戸に娶わせた。その時期は第八子の桜井玄（弓張）を彦人、第七子の多米を田村（舒明）に娶せ、手駒としての娘が尽きてからと推定できよう。舒明は推古元年の生まれ（没年より逆算）なので、多米との婚姻は推古一〇年代後半以降だろう。橘と厩戸の婚姻はそれ以降、つまり厩戸の晩年近くとみられる。橘は厩戸との間に白髪部・手嶋の男女二名を儲けた（『帝説』）ものの、厩戸死去時には二人とも幼少だった。

他方で厩戸は蘇我馬子の娘刀自古との間に山背を儲けており、山背は舂米（母は膳妃）との異母キヨウダイ婚によって「上宮王家」内部の結束を固め、厩戸死去時には継承者としての立場を確かにしつつあった（後述）。長女と孫娘の二人を配してまで上宮王家との統合を目指した推古の願望は、厩戸の死によって潰え去ったのである。

彦人に対しては、第三子の小治田を娶せた。これは、息子の竹田の死を受けてのことと考えられる。第一子の貝蛸を彦人ではなく厩戸と娶せたことを考慮すると、その時点ではまだ竹田は生存していた可能性が高い。竹田の死後、敏達系の年長御子である彦人との絆を結ぶことが、推古にとって必須かつ緊急の課題となったのである。だが小治田は子に恵まれなかった一方で、彦人は異母妹糠手との間に田村（舒明）を儲けた。すると推古は、（時期は不明だが）第七子の多米を舒明に娶せたのである。

多米は、額田部立后記事に子女の一人として「田眼皇女、是、息長足日広額天皇（舒明）に嫁す」（敏達五年〔五七六〕三月）と明記されるが、「娶生子」様式で記載される舒明后妃記事（舒明二年〔六三〇〕正月）には名がない。子を儲けなかったのだろう。同様に第一子の貝蛸も、敏達・推古の子女としては額田部立后記事に「東宮聖徳に嫁す」とあるが、『帝説』の太子系譜には記載がない。「娶生子」様式の系譜では、子を儲けなかったキサキは名が残らないのである。

とはいっても、第八子の桜井玄（弓張）を彦人に、第七子の多米をその息子舒明に娶せたというのは、年齢的にあまりに不自然である。この頃の系譜記事には『記』『紀』の間でも出入りと矛盾があり、何らかの錯誤が疑われるが、一応、記載通りとして考察をすすめる。いずれにせよ、推古が彦人系との絆を結ぼうと腐心したことには変わりない。

舒明は推古元年の生まれ（『紹運録』の崩年より逆算）で、糠手と彦人の間には舒明を筆頭に三子がいる（『古事記』敏達段の〝日子人系譜〟）ので、彦人は推古即位後も数年は生存していたことになる（薗田香融「皇祖大兄御名入部について」）。推古はおそらく小治田死去後に、末子の桜井玄（弓張）を彦人に娶せたのだろう。弓張は山代・笠縫の二子を得たが、彦人死去時には二人ともごく幼少だったと思われる。彦人系は、糠手との異母キョウダイ婚から生まれた舒明によって継承され、七世紀後半以降の王統につながっていく。ここでもまた、推古の願望が実ることはなかった。

推古は、大王位継承プランの実現をさまざまな局面において試みたが、ついに王統を創出できなかったのである（倉本一宏「推古天皇」）。しかしそれは、彦人・厩戸のキサキとなった娘たち、特に年長の貝蛸・小治田が子を残せなかったことの結果である。もし彼女たちの生んだ子が即位していたなら、当時の双系的血統観に照らして、彦人／厩戸を父、推古を母とする大王として自己の正統性を誇示したことだろう。推古は、自らの王統を生み出すべくあらん限りの力を尽くしたのである。

「釈迦三尊像光背銘」 現在、法隆寺の金堂に坐す釈迦三尊像の光背には、次のような造像銘が一四字×一四行で刻まれている。

〔原文〕

法興元丗一年歳次辛巳十二月鬼
前太后崩明年正月廿二日上宮法
皇枕病弗悆干食王后仍以勞疾並

〔訓み下し〕

法興（ほうこう）元丗一年、歳次辛巳（かのとみ）十二月に、鬼前（きさき）太后崩ず。明年正月廿二日、上宮法皇枕病し、悆（よろこば）ず。干食（かしわで）王后、仍（ま）た労疾を以って並に床に著（つ）く。時に王后王子等、及（ま）た諸臣と深く

著於床時王后王子等及與諸臣深懐愁毒共相發願仰依三寶當造釋像尺寸王身蒙此願力轉病延壽安住世間若是定業以背世者往登浄土早昇妙果二月廿一日癸酉王后即世翌日法皇登遐癸未年三月中如願敬造釋迦尊像幷俠侍及莊嚴具竟乘斯微福信道知識現在安穏出生入死随奉三主紹隆三寶遂共彼岸普遍六道法界含識得脱苦縁同趣菩提使司馬鞍首止利佛師造

愁毒を懐きて、共相に願を発す。仰ぎて三宝に依り、当に釈像の尺寸王身なるを造るべし。此の願力を蒙り、病を転じ、寿を延ばし、世間に安住せんことを。若し是れ定業にして、以って世に背くならば、往きて浄土に登り、早く妙果に昇らんことを。二月廿一日癸酉、王后即世し、翌日、法皇登遐す。癸未年三月中に、願の如く敬みて釈迦尊像幷びに俠侍及び荘厳具を造り竟る。斯の微福に乗り、信道の知識、現在は安穏にして、生を出て死に入らば、三主に随い奉り、三宝を紹隆して、遂に彼岸を共にし、普遍の六道、法界の含識も、苦縁を脱するを得て、同じく菩提に趣かんことを。司馬鞍首止利仏師をして造らしむ。

（大意）

法興元三一年の辛巳年（六二一、推古二九）の一二月に、鬼前太后（間人）が崩じ、翌年（推古三〇年）の正月二日に上宮法皇（厩戸）と干食王后（膳妃）が病床についた。そこで王后王子等は諸臣とともに、王（厩戸）と等身大の釈迦像を作ることを発願した。同年の二月二一日に王后、翌日に法皇が亡くなった。癸未年（六二三、推古三一）の三月に、願いの通りに尊像を造りおわった。（中略）。司馬鞍首止利仏師に造らせた。

法興元卅一年歳次辛巳十二月鬼
前太后崩明年正月廿二日上宮法
皇枕病弗悆干食王后仍以勞疾並
著於床時王后王子等及與諸臣深
懐愁毒共相發願仰依三寶當造釋
像尺寸王身蒙此願力轉病延壽安
住世間若是定業以背世者往登淨
土早昇妙果二月廿一日癸酉王后
即世翌日法皇登遐癸未年三月中
如願敬造釋迦尊像并侠侍及莊嚴
具竟乗斯微福信道知識現在安隠
出生入死隨奉三主紹隆三寶遂共
彼堣普遍六道法界含識得脱苦縁
同趣菩提使司馬鞍首止利佛師造

法隆寺金堂金銅釈迦三尊像光背銘
（画像）（早稲田大学図書館蔵）

この銘文の刻銘時期をめぐっては諸説あるが、光背面の観察によって、銘文は光背を含めて三尊像と一体で制作されたことがほぼ明らかとなった。鋳造技法からみても、同じく法隆寺にある薬師像よりは先行し、銘文に記す通り厩戸死没の翌年である癸未年（六二三、推古三一）に造立されたとみてよい（東野治之「法隆寺金堂釈迦三尊像の光背銘」）。

「王后王子等」の表記からも、銘文作成時期のおよその推定はできる。「皇后」とそれ以外のキサキとの区別、「皇子(みこ)」とそれ以外の「王(みこ)」の区別が制度的に確立するのは、七世紀末の浄御原令においてである。口語的表現としての「キサキ」「ミコ」はその後もつづくが、この銘文は格調高い正式の願文である。「王后王子等」と記す同銘文の成立は、おそくとも七世紀末以前といえる。『帝説』に載せる同光背銘の注釈（八世紀半ば頃の成立か）では、注釈時点の制度／知識にあわせて「王后」を「大刀自(おおとじ)」「夫人(ぶにん)」といいかえている。ここからも逆に、「王后」表記の古さが裏づけられよう。

「王后王子等」と上宮王家

「王后王子等」とは、具体的には誰のことだろうか。通説では、膳妃とその男子たちとみて、膳氏主体の造像が推定されてきた。しかし第一章で述べたように、「王」（みこ）は男女共通の称号である。また、蘇我氏の専横の一例として「男女を呼びて王子(みこ)と曰う」（皇極三年〔六四四〕十一月条）とあるように、「王子」も男女の総称である。『帝説』によれば〝太子〟の子は男女あわせて「十五王子」であり、後世の『補闕記』では「男女廿三王」に増える。

晩年の〝太子〟は膳妃とともに斑鳩の「飽浪宮(あくなみのみや)」にあり、そこで亡くなったらしい（仁藤敦史「上宮王家と斑鳩」）。同妃所生の長女（大娘(おおいらつめ)）である春米(つきしね)は「上宮大娘姫王(かみつみやのいらつめのみこ)」といわれ、蘇我刀自古(とじこ)

所生の長子山背大兄と婚姻し、「上宮乳部」を管理する立場にあった（皇極元年（六四二）是歳条）。異母キョウダイ婚をした春米と山背の二人は、厩戸の死後、「上宮王家」の後継者となったのである。

こうした点を考えあわせると、銘文の「王后王子等」とは、膳妃と春米・山背（および二人を中心とする他の王子たち）をさすとみるべきではないか。二人の「王子」（春米と山背）は、相ついで病床に伏した「法皇」（厩戸）と「王后」（膳妃）を看取り、「王后」が最後の願いとして「諸臣」とともに発願した「尺寸王身」の釈迦像を、両名の死後に銘文と一体で完成させたのである（図10）。これは父母への追福とあわせて、山背と春米の二人こそが「上宮王家」の正当な継承者たることを内外に宣示する、極めて高度の政治的意図をもってなされた行為だった。本書の叙述を先どりしていうと、このことがもう一人の有力妃である「橘妃」（とその後援者たる祖母推古）が、いわば対抗的に「天寿国繡帳」を作成することにつながっていく（第六章1節「蘇我系王統の記念碑」）。

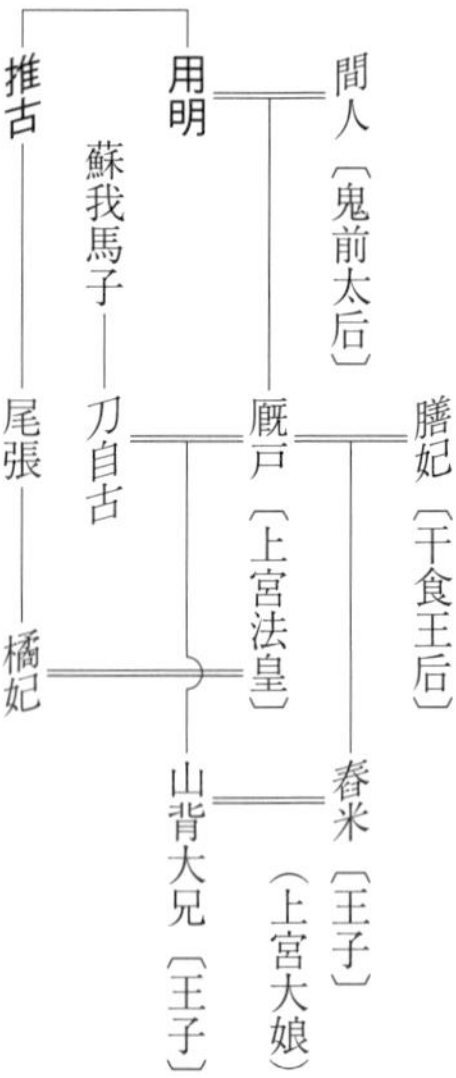

推古　**用明**＝間人〔鬼前太后〕
蘇我馬子―刀自古　厩戸〔上宮法皇〕＝膳妃〔干食王后〕
尾張―橘妃
山背大兄〔王子〕＝春米〔王子〕（上宮大娘）

図10　釈迦三尊像光背銘の関係系図（筆者作成）
注：太字は天皇，斜字は女性，〔　〕は光背銘における号。

「葛城県」をめぐる対立

推古三二年（六二四）一〇月、馬子は「葛城県は、元、臣が本居なり」として、同地を「封県」として賜りたいと願いでた。しかし推古は、蘇我氏／馬子との親密な血縁の絆と、長年にわたる馬子との連携をふりかえりつつも、願いを退けた。

今、朕は蘇何より出でたり。大臣は亦朕が舅たり。故、大臣の言をば、夜に言さば夜も明かさず、日に言さば日も晩さず、何の辞をか用いざらん。然るに今朕が世にして、頓に是の県を失いてば、後の君の曰はまく『愚に癡しき婦人、天下に臨みて頓に其の県を亡せり』と。豈独り朕不賢のみならんや。大臣も不忠くなりなん。是後の葉の悪しき名ならん。

（大意）

私は蘇我の出身で、大臣は叔父である。それゆえ、大臣の言葉は、どんなことでも聞き入れなかったことはない。しかし、私の治世でこの県を失ったなら、後代の天皇から「愚かな婦人が天下を治めたために、県を滅ぼした」と言われよう。それでは、私が不明なだけではなく、大臣も不忠とされ、後代に悪い名を残すだろう。

大和の六御県（高市・葛木・十市・志貴・山辺・曽布）は天皇の直轄地で、葛城はその一つである。いわゆる「葛城氏」は、五世紀に大王と姻戚関係を結んだ大豪族として『記』『紀』に見える。支配層の間で氏の組織化がすすむのは六世紀以降だから、五世紀以前の「葛城氏」とは、葛城地方に基盤をもっていた首長連合的な勢力のことをさす。蘇我氏はその勢力と系譜的つながりがあると主張し、かつて没収された所領の返還を求めたとも考えられる（加藤謙吉『蘇我氏と大和王権』）。のちのことだが、蘇我蝦夷（馬子の子）は「己が祖廟」を「葛城高宮」に立てたという（皇極元年〔六四二〕是歳条）。実際の系譜的つながりは不明だが、推古末年の蘇我氏（馬子─蝦夷の本宗家）は葛城県を「本居」の地とみなす意識を持ち、その返還を推古に向かって声高に要求するに至ったのである。

「蘇我より出た」大王として、推古は蘇我氏と王権の共生／発展を馬子とともに推進してきた。しかし推古の婚姻策がいずれも結果的に水泡に帰したの対して、馬子は娘の刀自古を厩戸、法提郎女を舒明に配し、前者には山背大兄、後者には古人大兄が後継者として成長していた（図9「推古子女と彦人・厩戸の婚姻」一三三頁）。推古と馬子それぞれの王位継承プランが別方向の形をとるにつれ、両者の亀裂も育まれていったのではないだろうか。

酢香手の退下

用明即位前紀（五九二）によると、「酢香手姫皇女」を「伊勢神宮に拝して、日神の祀に奉らしめた」。そこに付された分注には、「此天皇の時より炊屋姫天皇の世に逮ぶまで、日神の祀に奉る。自ら葛城に退きて薨りぬ。或本に曰わく、三十七年の間、日神の祀に奉る。自ら退きて薨りぬという」ともある。用明の娘「酢香手姫」が、用明から推古までの三七年間、「日神」祭祀に奉仕し、自ら葛城に退下してのち亡くなったという記事である（九月壬寅条）。

用明の后妃記事によれば、酢香手の母は「葛城直磐村の女広子」で、兄の麻呂子は当麻公の祖とされる。この后妃記事でも、酢香手の事蹟として「三代（用明・崇峻・推古）を歴て日神に奉る」という奉仕記載がある。穴穂部・守屋討滅事件以外にほとんど記事らしい記事のない用明紀にあって、酢香手の長期にわたる「日神」奉仕は、くり返し記されるべき重要事項であったらしい。ただし、分注に「炊屋姫天皇の紀に見ゆ」とあるにもかかわらず、推古紀に関連記載はない。『書紀』編纂の過程で、巻二一（用明・崇峻紀）の編者が参照した推古紀草稿から、最終的に巻二二（推古紀）が成立する際に酢香手関係記載は削除されたのだろう（森博達『日本書紀成立の真実』）。

用明即位前紀で「大臣」（馬子）・「大連」（守屋）の任命につづけて記されること、後世的な「天照太神宮」（天武二年四月の大伯の場合）遣侍ではなく「伊勢神宮」「日神」奉祀と記されること等、酢香手には実質を備えた〝原斎王〟的な様相がうかがえる（義江明子「伝承の斎王」）。『古事記』には「須加志呂古郎女」、『帝説』には「酢香手古女王」とあるが、尊称を除いた実名は酢香手である。『帝説』では母は「葛木当麻倉首」の出身とされ『書紀』とはやや異同があるものの、酢香手が、葛木の地に勢力を有する豪族女性だったことは間違いない。用明即位から三七年後は、ほぼ推古三〇年（六二二）頃にあたる。酢香手の引退／死去は、あるいは馬子の「葛城県」要求と何らか関わるのかもしれない。

馬子の死

「葛城県」をめぐる対立の二年後、推古三四年（六二六）五月に馬子は七六歳（『扶桑略記』）で亡くなり、桃原墓に葬られた。高市郡明日香村にある石舞台古墳を馬子の墓とみるのが通説で、ほぼ異論はない。封土は失われ巨石の石室が露出しているが、調査により一辺五〇メートルの方墳だったことが確認されている。

馬子の供養のために造られたと思われるのが、法隆寺の釈迦如来及脇侍像である。全高三八・四センチメートルの光背裏面には、次のような四八字が一二字×四行で刻まれている。

戊子年十二月十五日朝風文／将其零濟師慧燈為嗽加大臣／誓願敬造釈迦佛像以此願力／七世四恩六道四生倶成正覺

（訓み下し）
戊子の年十二月十五日、朝風文将其零濟師慧燈、嗽加大臣の為に誓願し、敬いて釈迦仏の像を造る。此の願力を以ちて、七世の四恩、六道の四生、倶に正覚を成さんことを。

「戊子年」（六二八、推古三六）に、「嗽加大臣」のためにこの尊像は造られた。発願者と思われる「朝風文将其零濟師慧燈」については、諸説があり不明である。「嗽加大臣」は蝦夷か馬子とみられるが、年代的には馬子だろう。仏像は推古朝の様式で、止利作の金堂釈迦如来像と極めて近い制作技法である（奈良国立文化財研究所『飛鳥・白鳳の在銘金銅仏』、上代文献を読む会編『古京遺文注釈』）。馬子没後二年の作であり、馬子の墓は蘇我氏の諸族がこぞって造営中だった（舒明即位前紀）。

馬子の息子蝦夷は、推古一八年（六一〇）一〇月の新羅使入京の際に、小墾田宮で使者を迎えた四人の大夫「大伴咋連・蘇我豊浦蝦夷臣・坂本糠手臣・阿倍鳥子臣」の中に名が見える。大伴・坂本・阿倍は、畿内に基盤を持つ有力豪族である。大夫（マエツキミ）は、伝統的な有力豪族の族長が任ぜられる地位だった。大臣馬子のもと、息子の蝦夷が大夫になることは異例である。蘇我氏では、稲目―馬子―蝦夷と父子直系で族長の地位が受け継がれてきたが、これも極めて異例と言わねばならない。奈良時代はもちろん平安時代前期にいたるまで、族長の地位は一族の中で幅広い傍系の間を移動するのが通例だった（阿部武彦「古代族長継承の問題について」）。婚姻を介した強い血縁的絆で大王に密着し蘇我氏全体の繁栄を導いてきたことが、三代にわたる父子継承を可能にしたのだろうが、同族内の不満は高まっていた。その対立は、推古の死後に噴出することになる。

2　遺詔と群臣会議

後継者を示唆する遺詔

馬子におくれること二年、推古は七五歳で亡くなった。激しい権力闘争を勝ち抜いて群臣の支持を獲得し、三九歳で即位してから三六年、長い治世を通じて「三宝興隆」をなしとげ、仏法に帰依する〝天子〟として中国の〝菩薩天子〟と向きあい、文明国への脱皮をとげるべく力を尽くした生涯だった。推古にとっては、王権の強化と蘇我氏の繁栄は矛盾するものではなかった。馬子の晩年に亀裂が生じたとはいえ、蘇我氏あっての王権であり、王権あっての蘇我氏だとの信念はゆるがなかったろう。馬子のあとを継いだ蝦夷と協調をはかりつつ、誰が次代の大王にふさわしいかを見きわめることが、死の床についた推古の最後の大きな課題となった。

群臣が推古の継承者とみなす有力候補は、二人いた。欽明の曾孫世代にあたる山背（厩戸の子）と田村（彦人の子）である。どちらが大王にふさわしいか示唆する遺詔を、推古は二人のそれぞれに口頭で伝えた。死の前日に、病による激しい痛みをこらえ、渾身の力を振り絞ってのことだった。

『書紀』には、推古が田村と山背に語った言葉（推古三六年〔六二八〕三月条）と、蝦夷が群臣に伝えた推古の二人への言葉（舒明即位前紀）および山背と蝦夷の（群臣を介した）やりとり、そして遺詔を受けて開かれた群臣会議での豪族たちの発言が、異例なほどに詳細に記される。『書紀』編纂時の天皇たちは、いずれも田村（舒明）の子孫である。推古の死後に山背ではなく田村が即位したことが、七世紀後半以降の天皇たちの正統性の淵源だった。それは推古と群臣の意向に沿ってなされたことだったと、『書紀』は詳細に伝えようとしているのである。

推古紀と舒明即位前紀とで若干の表現の相違はあるが、遺詔の大筋は変わらない。推古紀には次のようにある。

〔田村への遺詔〕

天位に昇りて鴻基を経め綸え、万機を馭して黎元を亭育うことは、本より輙く言うものに非ず。恒に重みする所なり。故、汝慎みて察にせよ。軽しく言うべからず。

（大意）

皇位について政務をとり人々をはぐくむのは、安易に言うべきことではない。私はいつも重大に考えてきた。おまえも慎重に行動しよく見極めよ。軽々しく言ってはならない。

〔山背への遺詔〕

汝は、肝稚し。若し心に望むと雖も、諠き言うこと勿。必ず群臣の言を待ちて従うべし。

（大意）

おまえはまだ未熟だ。心で思うことがあっても、あれこれ言ってはならない。必ず豪族たちの意見をきき、従え。

田村には大王に推すことを示唆しながら、山背にも含みを持たせ、曖昧な表現に終始している。群臣の推戴／承認によって次期大王が決定されるというのが、長らくつづいてきた倭王権の継承システムだった。そこに現大王の意向を反映させることは、容易ではなかったのである。

紛糾する群臣会議

田村を立てる心積りだった蝦夷も、独断で決めることはできなかった。私邸に群臣を集め、「今、いずれの王を嗣とすべきか」と問うたうえで、二人への推古の遺詔を披露した。そして再度「是、天皇の遺言なり。今、誰をか天皇とすべき」と問うて、群臣の意向をきく姿勢を示しつつ、田村推挙に議論を導こうとしたのである。

群臣の意見は二つに分かれた。大伴鯨連は「天皇の遺命に従うのみ。さらに群臣の言を待つべからず」（天皇の遺言に従うまで。群臣の意見を求める必要はない）と述べ、「天皇の意向は田村にある」と補足した。采女臣摩礼志・高向臣宇摩・中臣連弥気・難波吉士身刺の四人は鯨に賛同したが、許勢臣大麻呂・佐伯連東人・紀臣塩手の三人は「山背大兄が天皇となるべき」と主張した。蘇我倉麻呂（雄当とすれば馬子の子）は「すぐには言えない。充分に考えたうえで」と、意見を保留した。含みのある遺詔を、それぞれ自分の意中の御子に引きつけて解釈しようとして、群臣の意見は真っ二つに割れた。蘇我一族の内部にも、亀裂は生じていたのである。

斑鳩宮にいた山背は、議論が田村に傾きそうなことをきいて納得せず、飛鳥との間を蝦夷の意を受けて群臣がいくたびか往復した。山背に対して蝦夷は「天皇の遺詔」であることを強調し、推古の意向が田村にあるという解釈も「群卿の言」であって、「私の意には非ず」（私の気持ちから出たことではありません）といって振り切った。山背に同調した境部摩理勢（馬子の弟か）は、蝦夷に討たれてしまう。馬子から蝦夷、そして入鹿へと蘇我氏族長の地位が独占的に父子継承されていくことに対して、一族内には激しい不満が蓄積し、最後は乙巳の変（六四五年）での蝦夷・入鹿滅亡にいたる。そのあとの蘇我氏は、傍流だった倉石川麻呂の系統に受け継がれていく。

王位継承システムの新たな一歩

群臣が王を〝えらぶ〟ことが基調にあり、そこに推古の遺詔という新たな要素が加わったことで、群臣会議の議論は紛糾した。『書紀』はこれより以前、欽明が死に臨んで「皇太子」（のちの敏達）に「後の事を以て汝に属く」と述べたとする。このことを、遺命による次期大王指名の先例とする見方もあるが、これはあたらない。欽明三十二年（五七一）四月条のこの記事は、全体が『魏志』の文章を借りた文飾であることが明らかにされている。欽明死去時にすでに先王による指名の前例があったなら、『書紀』が推古没後の群臣会議をこのように詳細に記し、「誰を天皇とすべきか」と繰り返し群臣に問うたと語る必要はないだろう。「遺詔」の解釈と判断は群臣に委ねつつも、前王の意向に従う（「天皇の遺命に従うのみ。さらに群臣の言を待つべからず」）という先例が、ここで初めて作り出されたとみなければならない。

即位前から統率力を発揮し、即位後も三六年の長きにわたって内政・外交に実績を積み重ねてきた推古の言葉だからこそ、群臣は尊重せざるを得なかったのである。ともに国政を担ってきた馬子は二年前に没し、七五歳の推古は、群臣によって発言を重んじられるべき最長老の位置にあった。以後、皇極による史上初の譲位というステップを経て、紆余曲折はありながらも、七世紀末以降は「前王（の譲位）による次代の指名」が王位継承システムの基本となる。近代に継承順位が明確に法制化されるまで、それはかわらなかった。

対立と紛糾を重ねたのち、（推古の「遺詔」にそって）田村は「大臣及び群卿」が献じる「天皇の璽印」を受け、即位した（舒明元年〔六二九〕正月条）。

上宮王家と舒明系のその後

蝦夷が田村（舒明）を支持し、推古も「遺詔」で田村推挙を示唆したのはなぜだろうか。推古没時の上宮王家の状況をみてみよう（図11）。

厩戸は膳菩岐々美との間に春米を儲けた。『伝暦』は、二人の婚姻を推古六〔戊子〕年（五九八）とする。春米は山背大兄の「庶妹」（『帝説』の太子系譜）だが、これは兄弟から姉妹をさす男称としての「イモ」だから、年下の妹とは限らない。『帝説』の記載順からすると菩岐々美が厩戸の最初のキサキであり、春米が「上宮大娘」と称されたことからみて、山背の異母姉であった可能性が高い。

春米の名前は、丁未年（五八七）に守屋が滅ぼされてのち厩戸の支配下に入った、物部系の「春米

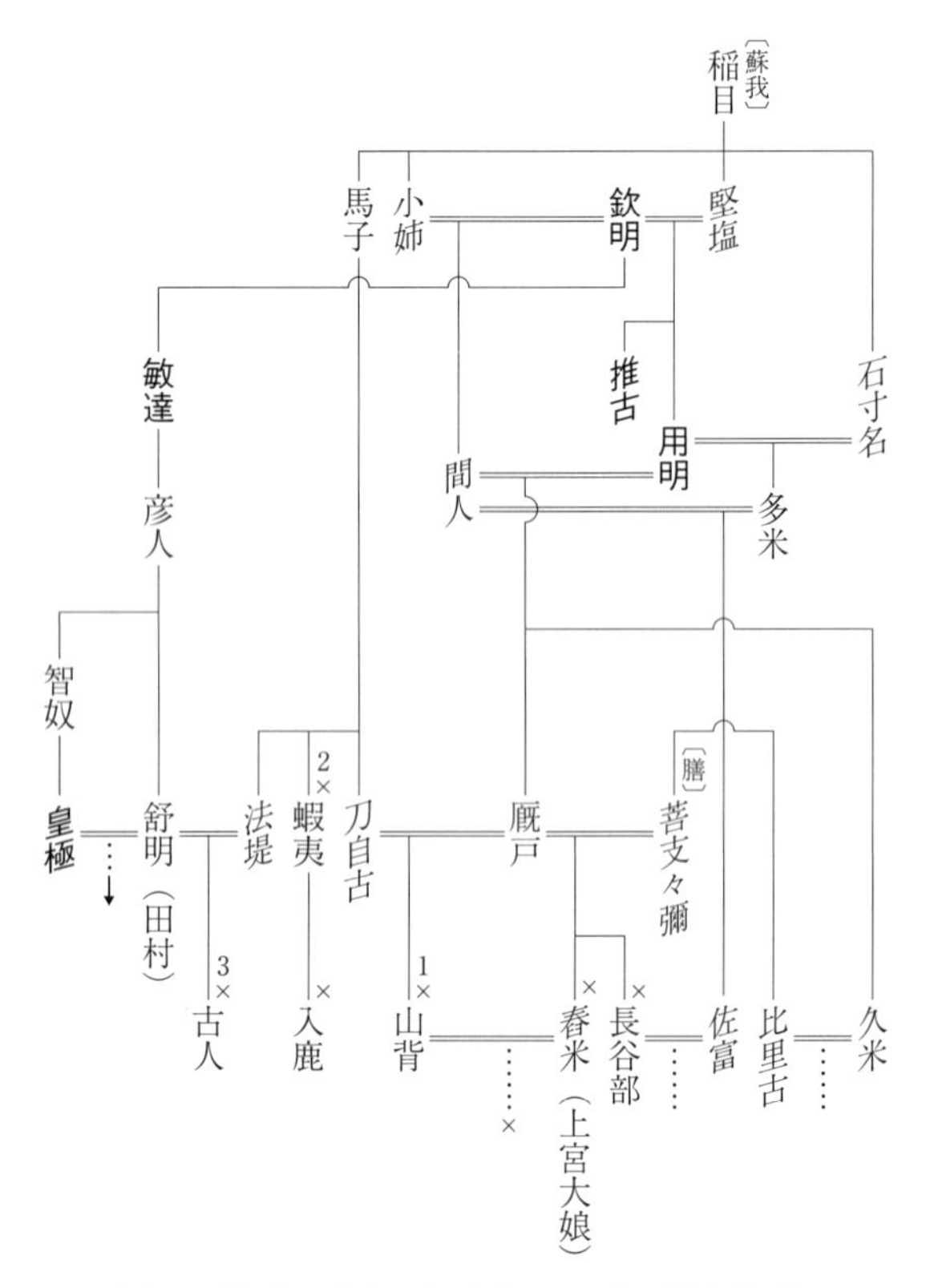

図11　「上宮王家」と舒明系のその後（筆者作成）
注：太字は天皇，斜字は女性，×は政争の敗者，数字は政争の年代順。

連」に養育されたことによるらしい（黛弘道「春米部と丸子部」）。「春米連」は、七世紀後半には「糟屋評造」だったことが知られる（妙心寺鐘銘）。筑紫の糟屋屯倉に関わる現地有力者だったのだろう。春米は、「大娘」として上宮王家で重きをなす御子だった。

本章第1節で述べように、「釈迦三尊光背銘」の「王子等」は山背と春米をさす。晩年の厩戸は膳妃の「飽浪宮」で過ごし、そこで同妃とほぼ同時に亡くなった。山背は春米との婚姻によって、上宮王家の後継者の地位を確かなものにしたのである。さらに厩戸の同母弟久米は菩支々彌の妹比里古と、春米の同母弟長谷部は厩戸の異父妹佐富と婚姻を結んでいる（『聖徳太子平氏伝雑勘文下』所引「上宮記」逸文系譜）。佐富は、厩戸の母間人が用明の子多米との間に儲けた娘である。間人が蘇我系御子の結束を固めるため行った再婚の果実すら、膳氏の側に取り込まれてしまっている状況がみえてこよう。

馬子の娘刀自古を母とする山背は、蝦夷を「愛しき叔父」とよんで王位継承への支持をもとめ、長谷部（泊瀬仲王）も自分たち厩戸父子は「並びに蘇我より出でたり」という意識をもっていた（舒明即位前紀）。しかし蝦夷の側からすれば、斑鳩の地を拠点として、膳氏と密着して自立の度を深めていく「上宮王家」（厩戸の子孫）は、自分のもとめる蘇我系御子の範疇からは遠いと感じられたのではないか。

他方で馬子のもう一人の娘法提は田村（舒明）のキサキとなり、すでに古人を儲けていた。のちのことになるが、蝦夷の子の入鹿は「上宮の王たちを廃てて、古人大兄を立てて天皇とせん」とはかり、斑鳩を襲撃して上宮王家を滅ぼす（皇極二年〔六四三〕十月・十一月条）。

上宮王家滅亡の二年後、皇極四年（六四五）六月の乙巳の変で入鹿が討たれ、古人は即位を固辞して吉野に隠遁したが、結局は謀反の罪で殺されてしまう。しかし、推古没時から乙巳の変にいたるまで、有力な王位継承候補としての古人の存在感は大きなものだった（荒木敏夫「古人大兄皇子論」）。『書紀』によると、乙巳の変直後に古人は、「昔(さき)の天皇（舒明）の所生(みこ)なり。又、年長(としお)いたり」との理由で即位を求められた。「年長」というのは、中大兄（舒明と皇極の子）よりも年長という意味で理解されがちだが、王位継承の文脈で語られる意味はそれだけではない。推古即位前紀の「幼にしては額田部皇女と曰す」の「幼」は、即位前をさすらしい（第三章4節「讃え名「炊屋姫」」）。とすれば古人は、乙巳の変が起きた時点で即位可能な年齢「長」に達していたのだろう（三一歳か）。その古人を排除して、舒明系の王統は最終的には皇極の御子たち（天智・天武）に受けつがれていく。

死を目前にした推古に、このような結末は予想すべくもない。自らの血脈をつなぐために重ねてきた婚姻策は、いずれも実を結ぶことなく終わろうとしていた。蝦夷の支持が得られる田村を推して、蘇我系王統の存続（と蘇我氏の繁栄）を願うというのが、遺詔に込められた推古の思いだったのではないだろうか。当面の王位継承争いに敗れても、山背に次のチャンスがなくなった訳ではない。推古の「遺詔」の曖昧さ、「未熟な身であれこれ言うな。群臣の言葉に従い、慎め」という山背への忠告めいた「遺詔」（推古三十六年〔六二八〕三月条・舒明即位前紀）は、推古のそうした思いを伝えるかのようである。境部摩理勢は討たれたが、群臣会議で山背を支持した豪族たちが全ていなくなったのではない。

舒明即位後の山背には、雌伏して時を待つという生き方がもとめられていた。

発掘によって、舒明一一年（六三九）に造営を開始した百済大寺（吉備池廃寺）の創建軒平瓦は、斑鳩寺の瓦と同笵関係にあることが判明した。上宮王家からの瓦型の供与、つまり山背の積極的援助が想定できるという（奈良文化財研究所『大和吉備池廃寺』）。上宮王家滅亡事件は、皇極二年（六四三）に起きる。舒明治世の間は、（表面的にせよ）山背と舒明の間は友好関係が保たれていたのである。

3　二つの推古陵

植山古墳の母子同葬

推古は治世三六年目（六二八）の三月癸丑（七日）に七五歳で崩じた。田村と山背に「遺詔」を伝えた翌日である。小墾田宮の南庭で殯が行われ、半年後の九月に竹田の陵に葬られた。竹田は推古と敏達の間に生まれた第二子（第一子は厩戸妃となった貝蛸（かいたこ））で、丁未（ていび）の役（五八七年）後、おそらく推古即位（五九三年）の前後に亡くなったらしい。推古は生前に、竹田の陵への合葬を命じていたのである。『書紀』には陵地の記載がなく、『古事記』に「大野の岡の上」とある。具体的な所在地は不明だったが、二〇〇〇年に発掘調査された橿原市五条野町の植山古（うえやま）墳をそれとみるのが、現在の通説である。五条野丸山古墳（欽明陵）の東方約四〇〇メートルの丘陵上にある方墳で、東西約四〇メートル・南北約三〇メートルの長方形をなす（図8「「檜隈大陵」「檜隈陵」と植山古墳」一三〇頁）。発掘された植山古墳からは丸山古墳後円部が正面にのぞめる（口絵1頁は

植山古墳の東西石室（南から。2000年撮影）
（橿原市教育委員会蔵）

東北東から撮影された航空写真。中央右が丸山古墳）。

植山古墳には東西に並ぶ二つの石室がある。東石室には家形石棺が遺存し、馬具・大刀などの副葬品の一部が残る。西石室には石棺は遺存せず、玄室と羨道との間の開閉式の石扉閾（しきい）石に寺院建築の影響が推定できるという。六世紀末葉頃に古墳造営と同時に東石室が築造され、七世紀初頭ないし第１四半期に、あらかじめ空けてあった墳丘西寄りに西石室が構築されたとみられる。東石室には推古即位の前後五九〇年代にまず竹田が葬られ、西石室はその後に推古があらかじめ墓室を造営しておき、推古三六年（六二八）の死去半年後に埋葬されたのだろう（白石太一郎

「二つの推古陵」)。二つの石室を設けることは当初から予定されていて、そのため墳形は長方形の方墳になった。

植山古墳と「檜隈大陵」

　東西約四〇メートル・南北約三〇メートルという植山古墳の規模は、同じく方墳で用明陵とされる磯長の春日向山（かすがむこうやま）古墳一辺六〇メートルと比べると小ぶりだが、竹田の墓としては大きめともいえる。敏達が磯長の母石姫墓（前方後円墳）へ埋葬されたのは崇峻四年（五九一）、用明の磯長改葬は推古元年（五九三）九月である。竹田の死去が推古即位前後の五九〇年代初頭とすると、推古は、同母兄用明を磯長に築いた方墳に改葬する一方で、ほぼ同時期に、竹田（および将来の自分）のためには（磯長ではなく）「檜隈大陵」の近くに方墳を築かせたことになる。規模ではなく、この立地にこそ意味があるのではないか。

植山古墳西石室の石扉閾石
（俯瞰。上が入り口側）
（橿原市教育委員会蔵）

　欽明は、父（敏達）・母（推古）のどちらからみても竹田の祖父にあたる。欽明の「檜隈大陵」を間近にのぞむ場所に竹田を葬り、いずれはそこに自分もというのが、推古の生前の固い意志だったと思える。さらにその後、推古二〇年（六一二）の蘇我堅塩媛改葬によって、「檜隈大陵」は竹田にとっては祖父母、推古にとっては父母の

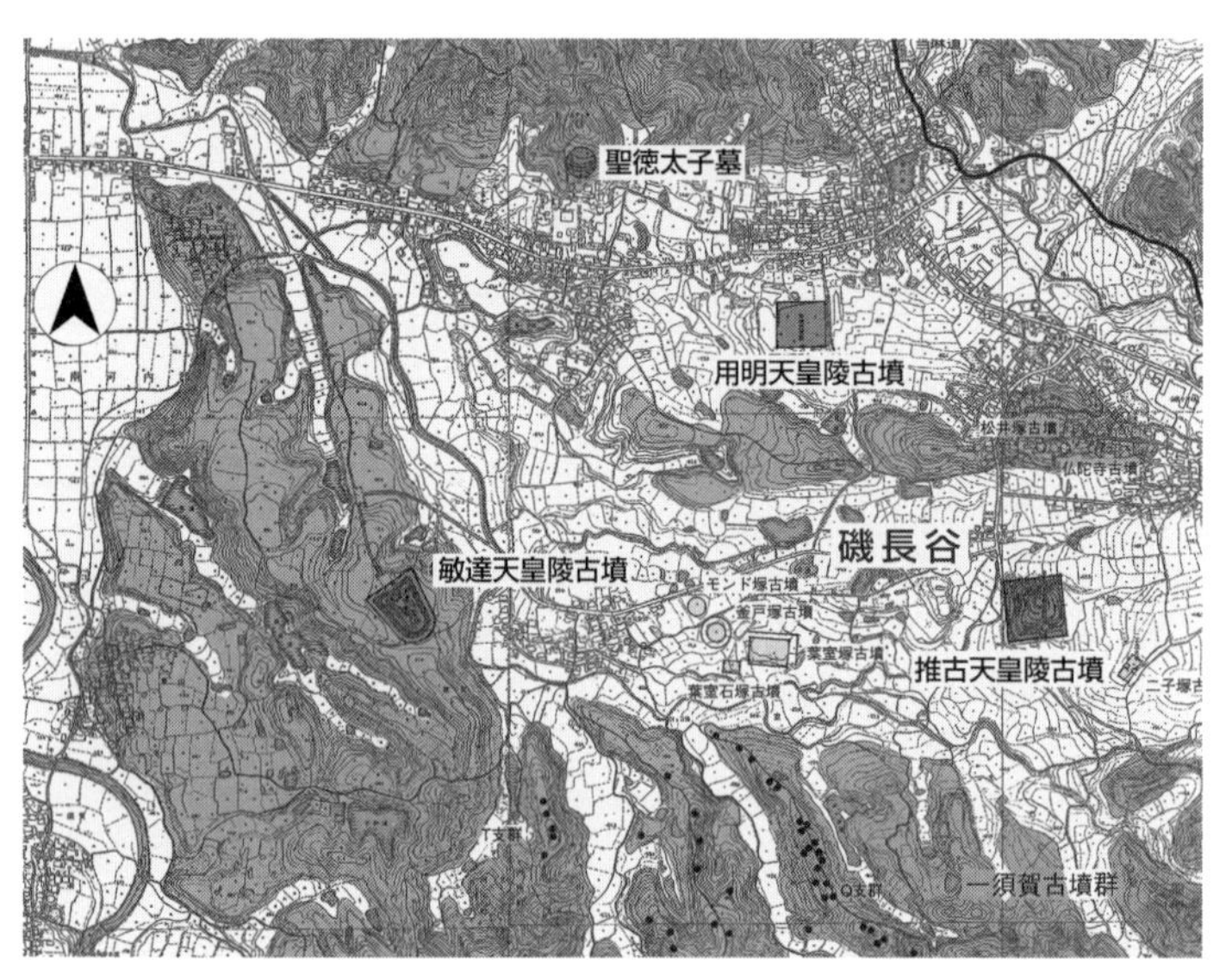

磯長谷の古墳分布（大阪府立近つ飛鳥博物館蔵）

眠る場所となった。竹田がまぎれもなく欽明孫世代の蘇我系筆頭御子であり、自らは蘇我系大王としての生涯をまっとうしたことを、植山古墳への母子同葬によって推古は明示しようとした、とみておきたい。

二つの推古陵の意味

だが二人の亡骸は、永くそこにとどまっていることはできなかった。時期は不明だが、のちに磯長谷に遷されたのである。宮内庁が推古陵として治定・管理する山田高塚古墳がそれにあたる。東西約六〇メートル・南北約五五メートルの大型方墳である。発掘調査がされていないので石室構造・副葬品等の詳細は不明であり、築造年代決定の決め手にも欠ける。しかし横穴式石室羨道先端の天井石と考えられる東西の石が一部露出していて、東西に並ぶ石室の存在が推定されている。植山古墳と相似形で規模を大きくした長方形方墳であり、竹田・推古の合葬墳とみて良い（前掲、白石「二つの推古陵」）。

『書紀』推古三十六年（六二八）九月の喪葬記事には「竹田皇子の陵に葬る」とのみで、陵地の記載はない。『古事記』に「御陵は大野岡上に在り。後に科長の大陵に遷す」とあることから、はじめて初葬場所と遷陵の事実が明らかになるのである。『延喜式』には、「磯長山田陵〈小治田宮御宇推古天皇、河内国石川郡に在り〉」とある。「陵戸一烟・守戸四烟」の計五烟が充てられていて、敏達の河内磯長中尾陵の守戸五烟よりもランクとして若干上まわる。まさに「大陵」としての扱いであり、律令陵墓制度形成期（七世紀末〜八世紀前半）の推古への評価の高さを物語る。当時の天皇たちはいずれも敏達の子孫だが、推古とは血統的につながらない。「大陵」（陵戸一・守戸四）は、その治世の偉大さへの評価とみてよい。だが、磯長への遷陵は、はたして推古の意志に沿うものだったのだろうか。

推古天皇陵航空写真
（太子町立竹内街道歴史資料館蔵）

同じ磯長の地に眠る用明については『古事記』『書紀』ともに、初葬（石寸掖上／磐余池上）と改葬（磯長中陵／河内磯長陵）を明記する。これと対比した場合、『書紀』

が推古の陵地および改葬を記さないことは、やや異様に感じられる。改葬（遷陵）の時期を確定することはできないが、可能性としては、推古の次の舒明が大和高市郡の「滑谷の岡」に葬られた皇極元年（六四二）、ないし城上郡の「押坂陵」に改葬された翌皇極二年の頃が想定できるのではないか。「滑谷の岡」は、上円（八角）下方墳であり、「押坂陵」は近年の発掘で確認された小山田古墳がそれにあたるとすれば、一辺五〇メートル以上の方墳である。舒明改葬の二年後、皇極四年（六四五）の乙巳の変で蘇我本宗家は滅ろび、皇極以降の天皇陵は八世紀初の文武にいたるまで八角墳である。（皇極と対立して磯長に葬られた弟孝徳の円墳をのぞき）磯長谷に陵墓が築かれることはもはやなかった。

反蘇我本宗家の立場を鮮明にすることになる皇極以降に、それ以前の蘇我系大王の眠る（べき）地として「磯長谷陵墓群」は再編成され、推古と竹田の合葬陵も磯長に遷されたのではないだろうか。父欽明と母堅塩媛の眠る「檜隈大陵」を間近にのぞむ場所への埋葬を願った推古の遺詔は、〝舒明＋皇極〟王統の形成によってくつがえされてしまったのである。

第六章　語りの中の推古

1　蘇我系王統の記念碑——天寿国繡帳

「天寿国繡帳」の伝存

国宝「天寿国繡帳」（中宮寺所蔵）は、そこに記された由緒によると、「太子」（厩戸）の死後、その「后」多至波奈（橘）大女郎が、太子とその母（間人）を悼み、祖母推古に願って、太子の往生した天寿国のさまを采女に刺繡で描かせたものという。完形は早くに失われ、国宝の現存繡帳は、江戸時代に主な残片を一画面に貼り合わせたものである。

作成時の繡帳には、太子と后に関わる系譜および作成の由緒が、一〇〇個の亀甲の背に四文字づつの刺繡で表されていた。原状はわずかな亀甲残片だけだが、計四〇〇字の銘文の大部分は『帝説』に引用されて伝わる。文永一一年（一二七四）に繡帳が法隆寺綱蔵で再発見され、その際に作成された諸写本もある。それらとの異同も含めて検討した復原文（飯田瑞穂による）が、現在広く参照される基

天寿国曼荼羅（模写）（東京国立博物館蔵）

本テキストである。法隆寺から中宮寺に、いつどのような経緯で所蔵先が移ったのかはわからない。

文永の再発見の際に、補修だけではなく新たな模造（新繡帳）も作成された。残存する銘文文字には、当初制作の羅地と文永の補修／模造の際の綾・平絹地の両者がある。現存する亀甲六箇二四文字のうち、当初のものは「部間人公」と「天下生名」の二個だけである。興味深いことに、文永時の模造とみられる「皇前曰啓」の亀甲が色褪せ形も崩れているのに対して、当初制作の「部間人公」の亀甲は現在でも色鮮やかで、亀・文字の輪郭も明瞭である（東京国立博物館『国宝　天寿国繡帳』）。由緒に「推古が采女に勅して造らせた」とある通りか否かは別にしても、当時の最高水準の技術／素材によって王権周辺で作成されたことは、まず間違いない。

銘文の復原

復原された銘文四〇〇字を、亀甲の四文字単位に区切って示すと次のようになる。四角囲みが現存亀甲六箇の文字で、二重四角で囲んだ二箇の亀甲は制作当初のものである。このほかに「娶」「奈」「居」「廿」「佛」の断片五文字が、正倉院古裂整理の過程で発見されている。明治期に法隆寺の宝物を献納した際、正倉院に一時保管されたことによるらしい。

銘文は内容的に、前半の系譜部と後半の由緒部に分けることができる。「為后歳在」の四文字は、「為后」までが系譜部で「歳在」からは由緒部になるので、ここでは便宜的に……で区切って示した。

〔天寿国繍帳復原銘文全文〕

（系譜部）

斯帰斯麻宮治天下天皇名阿米久爾意斯波留支比里爾波乃弥己等娶巷奇大
臣名伊奈米足尼女名吉多斯比弥乃弥己等為大后生名多至波奈等己比乃弥
己等妹名等己弥居加斯支移比弥乃弥己等復娶大后弟名乎阿尼乃弥己等為
后生名孔部間人公主斯帰斯麻天皇之子名蕤奈久羅乃布等多麻斯支乃弥己
等娶庶妹名等己弥居加斯支移比弥乃弥己等為大后坐乎沙多宮治天下生名
尾治王多至波奈等己比乃弥己等娶庶妹名孔部間人公主為大后坐瀆辺宮治
天下生名等己刀弥弥乃弥己等娶尾治大王之女名多至波奈大女郎為后……

（由緒部）

……歳在
辛巳十二月廿一癸酉日入孔部間人母王崩明年二月廿二日甲戌夜半太子崩
于時多至波奈大女郎悲哀嘆息白畏天皇前曰啓之雖恐懐心難止使我大王与
母王如期従遊痛酷无比我大王所告世間虚仮唯仏是真玩味其法請我大王応
生於天寿国之中而彼国之形眼所叵看悕因図像欲観大王住生之状天皇聞之
悽然告曰有一我子所啓誠以為然勅諸采女等造繍帷二張画者東漢末賢高麗
加西溢又漢奴加己利令者椋部秦久麻

系譜の双系的構成

前半の系譜部は、太子と后それぞれの系譜を「娶生」様式で語り、二人の婚姻を「娶」で述べて終わる。父方母方双方を記す、双系的系譜である。ただし当時の王族の通例として極めて濃密な近親婚を行っているため、これをただ図解したのでは複雑すぎて、系譜作成の意図はつかめない。そこで系譜の記載順にしたがって、「誰の父母を記しているのか／誰の出生について語っているのか」という観点から、「娶して生む」の一セットで区切り訓み下してみると、Ⅰ～Ⅶの順に区切ることができる。丸数字は銘文での人名登場順、四角の中の数字は再出人名であることを示す。

系譜部訓み下し

Ⅰ　斯帰斯麻宮に天下治す天皇、名は①阿米久爾意斯波留支比里爾波乃弥己等、巷奇大臣、名は②伊奈米足尼の女、名は③吉多斯比弥乃弥己等に娶して大后と為し、名は④多至波奈等己比乃弥己等、妹、名は⑤等己弥居加斯支移比弥乃弥己等を生む。

Ⅱ　復た、大后の弟、名は⑥乎阿尼乃弥己等に娶して后と為し、名は⑦孔部間人公主を生む。

Ⅲ　[1]斯帰斯麻天皇の子、名は⑧蕤奈久羅乃布等多麻斯支乃弥己等、庶妹、名は[5]等己弥居加斯支移比弥乃弥己等に娶して大后と為し、乎沙多宮に坐して天下治し、名は⑨尾治王を生む。

Ⅳ　〜妃の母方記載なし〜

Ⅴ　[4]多至波奈等己比乃弥己等、庶妹、名は[7]孔部間人公主に娶して大后と為し、濆辺宮に坐して天下治し、名は⑩等己刀弥弥乃弥己等を生む。

Ⅵ　尾治大王の女〔母の記載なし〕

Ⅶ　名は⑪多至波奈大女郎に娶して后と為す。

系譜構成図にすると図12のようになる。ヒロニハ（欽明）を始祖とする世襲王統が、イナメ（稲目）を始祖とする蘇我氏と緊密な近親婚を重ねて形成され、その集約点に太子と后の婚姻が位置することを、この系譜は語ろうとしているのである（義江明子「「娶生」系譜にみる双方的親族関係」）。Ⅰ～Ⅶの記載順序に着目すると、太子の父の父母から始まって、二人の祖父母世代（ⅠⅡⅢⅣ）～父母世代（ⅤⅥ）～二人の婚姻（Ⅶ）へと、極めて整然とした順序で記載された、逆三角形の構成の双系系譜であることがわかる。ただし、〔　〕内の人物は記載されない。

Ⅰ：太子の父の父母
Ⅱ：太子の母の父母
Ⅲ：后の父の父母
Ⅳ：〔后の母の父母〕
Ⅴ：太子の父母
Ⅵ：后の父〔母〕
Ⅶ：二人の婚姻

系譜の作成時期　「天寿国繡帳」銘文の作成時期には諸説あるが、大きくは、由緒に記された通り太子死後まもなくの推古末年とみる説と、太子信仰が芽生え「天皇」号が成立する七世紀後半～八世紀初に作られたとみる説に分かれる。

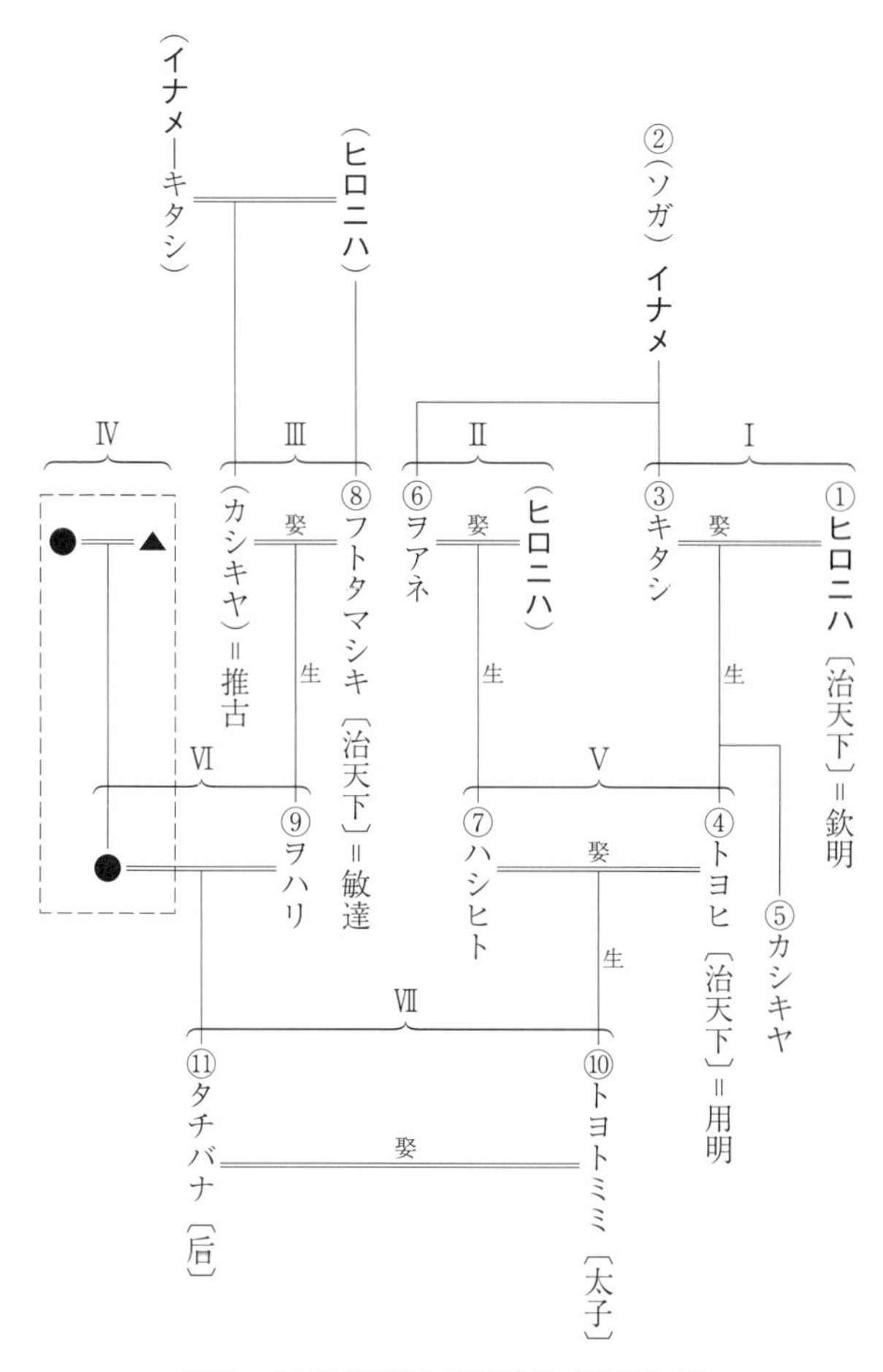

図12　天寿国繡帳の系譜構成（筆者作成）

注：（　）は再出人名，〔　〕は繡帳の表記，▲・●は系譜に記載されていない男・女。

「天皇」号が君主号として確立するのは天武朝頃というのが、近年の通説である。そのことに異論はないが、君主号としての制度的成立と、「天皇」という称号の始用とは別個に考えてみる余地があろう。「天皇」の文字があるから繍帳の作成は天武朝以降、と決めつけることは間違っている。繍帳自体の分析から、その作成時期を考えなければならない。

残片から全体の画面構成を推定すると、文字の刺繍された亀甲は他の図柄とともに天寿国を構成する要素をなしていた（大橋一章「天寿国図の復原」）。つまり、繍帳と銘文の作成は一体であり、繍帳作成ののち時期を隔てて銘文亀甲が周辺に縫い付けられたのではない。四〇〇字の銘文を手がかりにして、繍帳全体の作成時期を推定できるのである。

前半の系譜部と後半の由緒部では称号／尊称のありかたに相違があり、成り立ちが異なるらしい。系譜については、記載されない人名に着目することで、およその作成時期が推定できる。図12に▲・●で示したように、后の母（Ⅵ）およびその父母（Ⅳ）は系譜に記載がない。それは、多至波奈（たちばな）の母およびその父母が、欽明以降の王統にも稲目系統の蘇我氏にも関わらない人物だったからだろう。〝欽明と稲目の子孫の何重にもわたる近親婚の果実として二人の婚姻がある〟と語るのが、繍帳系譜作成の目的だった。この目的に照らして不要な人物は、記載されないのである。

一般的に系譜とは、ある時点でのある人物の社会的位置を表示するために作成される。双系社会では父母双方を語ることが必要だが、父系社会では父子の関係だけが重要なので、（母方の血統／地位が特に高い場合を除き）母は記載されないのが普通である。繍帳銘文系譜が「娶生」様式で父母双方を明記するのは、それが子の社会的位置を決定するからである。ただしこの場合に重要なのは欽明と稲目の双系的血統に属することなので、それに関わらない父母は系譜上では無視される。

推古の世代で記載が終わる『古事記』には、例外的に敏達の孫舒明までの〝日子人系譜〟が挿入されている（第二章1節「敏達の死」）。舒明の子孫が七世紀後半以降の天皇となったゆえに、こうした挿入がなされたのである。そこから考えても、欽明王統と稲目系蘇我氏との濃厚な結合を語る繡帳銘文のような系譜が、七世紀後半～八世紀初に新たに作り出される必然性はない。敏達—彦人—舒明から皇極／斉明—天智、そして奈良時代へとつづく王統は、非蘇我系への傾斜を強めつつ形成されていった。繡帳銘文系譜は結果的にみれば、そこから排除された／敗れ去った側の記念碑なのである。

繡帳銘文系譜は、個々人についての出生を語る「娶生」系譜を次々に書き連ねる形で成り立っている。それが現在みる三～四世代系譜の形に整えられたのはいつかといえば、「太子」と「后」の婚姻時である蓋然性が最も高い。二人の婚姻は太子の晩年近くと推定され、『帝説』によれば白髪部・手嶋の男女二子がいた（第五章1節「亀裂の萌芽」）。繡帳銘文系譜が「娶」で二人の婚姻を記すだけで所生子を記載しないのも、この系譜（の原型）が婚姻時に作成されたことを示唆しよう。

繡帳作成の由来

次に銘文後半の由緒部をみてみよう。ここでは、太子の死を嘆いた多至波奈が、天寿国での往生の状を図像で観たい、と祖母推古に願ったことが語られる。

歳（とし）は辛巳（かのとみ）に在る十二月廿一日癸酉（きゆう）日入、孔部（あなほべ）間人（はしひと）母王崩ず。明年二月廿二日甲戌（こうじゅつ）夜半、太子崩ず。時に多至波奈大女郎悲哀嘆息、畏き天皇の前に白す。啓すこと恐れありといへども、懐心止使難つ。我が大王と母王と期すが如く従遊す。痛酷比无し。我大王告ぐ、世間虚仮、唯仏是真と。其の法を玩味ふに、謂ふに我が大王、天寿国の中に生まれむ。而れども彼の国の形、眼に看回し。悕はくは図像に因り、大王の住生の状を観むと欲すと。天皇聞きて凄然びて告げて曰く、一人の我が子あり、啓す所誠に以て然りと為すと。諸の采女等に勅して、繡帳二帳を造らしむ。画者は東漢末賢、高麗加西溢、又、漢奴加己利。令者は椋部秦久麻。

（大意）

辛巳年（推古二九年、六二一）一二月二一日に母王間人が崩じ、翌年二月二二日に太子が崩じた。多至波奈大女郎は嘆いて、天皇に申し上げた。「我が大王は『世間は仮で仏のみが真』といわれていた。大王はきっと天寿国に生まれられただろう。その国の形を図像に描き、大王の往生のさまを観たい」と。悲しんだ天皇は、「我が子のいうことは尤もである」として、采女等に命じて繡帳二帳を造らせた。画いた者は東漢末賢・高麗加西溢・漢奴加己利で、命令した者は椋部秦久麻である。

多至波奈大女郎（橘妃）は、早くに厩戸妃となった貝蛸（敏達と推古の第一子）が子を生まないままに死去したあと、推古の子女婚姻策の最後の希望を託された孫娘だった。ただし多至波奈の母方は、前半の系譜に記載されないことからもわかるように、あまり身分が高くなかったらしい。系譜部・由緒部を通じて多至波奈の尊称は「大女郎(おおいらつめ)」で、「弥己等(みこと)」(命／尊)でも「王」でもない。女郎／郎女(いらつめ)は王族豪族女性に共通の尊称で、王族としては格が低い。

多至波奈の話をきいた推古は、「一人の我が子あり」と親愛感を込めて語りかけ、その願いを聞き届けた。この時代の「子」は、「蘇我の子」(第四章4節「堅塩媛改葬」)の例からもわかるように、一族の者たちへの呼びかけの言葉であり、族長的立場の者から次の世代の若者／後継者をさしても使われた。推古にとって孫娘の多至波奈は、次の世代への橋渡しをすべき大事な「一人の我が子」だったのである。

しかし客観的にみて、太子の晩年には膳(かしわで)妃の優位は明らかだった。蘇我刀自古(とじこ)所生の山背(やましろ)と膳妃所生の舂米(つきしね)の婚姻によって、二人が次代の「上宮王家」を担っていくことはほぼ確実となっていた。「釈迦三尊光背銘」によれば、病床の厩戸と最後までともにあったのは膳妃であり、厩戸と相前後して亡くなったにもかかわらず、繡帳銘文の由緒には膳妃は全く登場しない。膳妃の存在を無視して、母王間人(はしひと)と太子の死だけを語り、推古と橘妃の悲しみを記す繡帳由緒文からは、「天寿国繡帳」の作成が「釈迦三尊像」の制作に対抗してなされたかのようにもみえてくる。由緒に描かれた推古の深い悲しみは、厩戸を悼み孫娘の悲しみに寄り添うだけのものではなく、王統創出に賭けた自分自身への愛惜の思いも込められていたのではないだろうか。

推古にとって厩戸は、仏教による倭国興隆を思想的に支えた重要なパートナーだった。竹田亡き後は、次世代の最年長蘇我系御子としても重要な存在だった。しかし膳妃系と結びついて斑鳩での自立を強める山背は、もはや推古にとって次代をためらいなく託せる相手ではない。厩戸が没して六年ののち、自らの死を目前にした推古は、次善の策として、馬子亡きあとの実力者である蝦夷の意向も考慮しながら、馬子の娘法提(ほほて)との間にすでに古人を儲けている田村(舒明)を選び、蘇我系王統の存続を託したのだろう。山背に対する「汝はまだ若い。慎め」との含みを残した戒めの「遺詔」に、推古の複雑な思いがうかがえる(第五章2節「遺詔と群臣会議」)。

多様な称号の模索

繡帳銘文には多様な称号/尊称がみられるが、系譜部と由緒部ではその表れ方に違いがある。系譜部で個人名につづく尊称は、伊奈米「足尼」・間人「公主」・尾治「王」/「大王」・多至波奈「大女郎」以外は、天皇もキサキも御子も「弥已等」である。「王」「女郎」「公主」が漢語表記なのに対して、足尼(すくね=宿祢)と「弥已等」(みこと=命/尊)は、古代を通じて使われた倭語の尊称を漢字で表したものである。

「みこと」は相手に対する敬意を表す一般的尊称として、八・九世紀に至るまで広く使われた。『古事記』では、即位した王(天皇)および特に尊貴性を示したい王・キサキは「**命(みこと)」、その他の王族男女は「**王(みこ)」だが、『日本書紀』では天皇および特別に尊貴な御子は「**尊」、その他の王族や神は「**命」と、読みはおなじく「みこと」だが「尊」と「命」の書き分けがなされる。尾治「(大)王」・多至波奈「(大)女郎」の父娘を除き、王族・キサキに全て「弥已等」の尊称を付す繡帳銘文系譜は、その中間といえようか。

「トヨトミミ」の讃え名は、厩戸の生前に成立していたとみられる(第四章1節「三宝興隆」)。「等已(とよ)

刀弥弥乃弥己等（とみみのみこと）」と多至波奈の婚姻を記す繡帳銘文系譜は、厩戸の晩年近くと思われる二人の婚姻に際して、「弥己等」の尊称でほぼ統一された厩戸系の系譜に、（カシキヤヒメ）―「尾治王」―「多至波奈大女郎」の系譜を組み合わせて作成されたのだろう。繡帳銘文系譜は二人の婚姻を語る系譜ではあるが、より正確にいえば推古の孫娘と厩戸の婚姻を語っているのであり、真の当事者は推古と厩戸とみなければならない。

地位を表す称号は、由緒部に「天皇」・「母王」・「太子」・「大王」、系譜部に「天皇」「大臣」・「大后」・「后」がみえ、いずれも漢語表記である。繡帳とほぼ同じ時期、厩戸没後まもなくに制作されたと考えられる「釈迦三尊光背銘」には、「太后」（間人）・「法皇」（厩戸）・「王后」（膳妃）・「王子」がみえる。いずれも漢語表記である。推古晩年のこの時期には、さまざまな漢語由来の称号がそれぞれの文脈の中で、（制度的にではなく）模索されていたのである。

「大后」については、繡帳を含む七〜九世紀の史料における使われ方から、制度的称号ではなく、それぞれのテキストの筆録／編纂方針による相対的尊称表現であることが示摘されている（桜田真理絵「日本古代における「大后」の意義」）。「太子」の語も、のちの令制皇太子（制度化は七世紀末の浄御原令で、珂瑠（かる）（即位して文武（もんむ））が最初の皇太子）の前身とみる必要はない。尊貴な御子の称号として、系譜部の母間人に対する「公主」号と同様に、繡帳系譜における漢語称号の一つである。

「天皇」号の始用

銘文に登場する天皇は、欽明・敏達・用明・推古の四名である。そのうちで欽明・敏達・用明が「＊＊宮に治天下」と記されるのに対して、推古は後半の由緒部では「天皇」だが、前半の系譜部では敏達の「大后」である。これは尾治王の出生を語る娶生系譜（Ⅲ）が、「父＝ヲサダ宮治天下フトタマシキ（敏達）と母＝大后カシキヤ（推古）が娶して、生まれた」という形になっていたからである。出生を語る系譜Ⅲでは「尾治王」である后の父が、二人の婚姻を記すⅦでは「尾治大王」と語り直されるのは、婚姻当事者である「后」多至波奈大女郎からみた尊貴性の表現としてだろう。「大王」は、後半の由緒部では「太子」（厩戸）をさして使われている。これも多至波奈大女郎からみた、「我が大王」（夫）という尊貴表現である。繡帳銘文の中の「大王」は、「天皇」号に先立つ君主号としてではなく、ある個人からみた相対的尊貴表現として使われていることに注目しておきたい。

系譜部においては、「治天下」の三人のうち世襲王統の始祖たる「ヒロニハのミコト」（欽明）だけが「天皇」（スメラミコト＝尊貴なミコト）であり、由緒部では推古が「天皇」の語で繰り返し表示される。推古の頃に、多様な称号を模索する中で、「天皇」号が限定的に使われ始めているといえるのではないか。「天皇」の語は中国の道教に由来するというのが、津田左右吉以来の通説である（津田左右吉「天皇考」）。

推古朝の対中国外交を振り返ってみると、六〇〇年（開皇二〇、推古八）の遣隋使は隋に対して、「倭王の号は阿輩雞弥、王妻の号は雞弥、太子は利（和）歌弥多弗利」と告げた。王もキサキも共通して「キミ」の尊称でよばれ、若い王族男女は等しく「ワカミタフリ」だったのである（第四章2節「遣隋使派遣」）。次の六〇七年（大業三、推古一五）の遣使では、自ら「倭王」と称することは慎重に避けつつ、仏典に由来するらしい「天子」号を称した。だが、「日出る処の天子、書を日没する処の天子に致す」と二人の「天子」を並記した「国書」は、皇帝の怒りをかった（以上は、『隋書』の記述）。そこで翌六〇八年の裴世清帰国に際しての国書では、「東の天皇、敬みて西の皇帝に曰す」（『書紀』推古十六年九月条）と、「皇帝」号とは別の「天皇／スメラミコト」を使ってみた、ということではないだろうか（第四章3節「裴世清を迎えて」）。この時の国書にはたして「天皇」とあったか、のちの遣唐使のように「主明楽美御徳（すめらみこと）」（『唐丞相曲江張先生文集』所引「玄宗皇帝勅書」）という倭語の漢字表記だったのかは、わからない。だが倭国内では、以後、「天皇」号も含めて、王族・キサキに対する多様な漢語称号の模索がすすめられていったのだろう。

　唯一の君主に対する「天皇」、一人のキサキに対する「皇后」、一人の継承者に対する「皇太子」の称号が制度的に成立するのは、七世紀末の浄御原令においてである。その時同時に、男女御子に共通する称号「王」も、「皇子／皇女」（天皇の子）と「王／女王」（それ以外）に区分された。

　厩戸と馬子が編纂したとする「天皇記（すめらみことのふみ）及び国記（くにつふみ）、臣連伴造国造百八十部併せて公民（おおみたから）等本記（もとつふみ）」（推古二十八年是歳条）は、のち乙巳の変直後に蝦夷が「天皇記・国記・珍宝」を焼こうとした際に、船史恵尺（ふねのふひとえさか）が「国記」だけを火中から取り出して中大兄に奉献したという（皇極四年〔六四五〕六月癸酉条）。「天皇記」の理解をめぐっても諸説あるが、推古朝の「天皇記」は〈欽明王系＋蘇我氏〉の王族の確立を目的として編纂された（関根淳「天皇記・国記考」）とみておきたい。「天皇記」の書名については、天皇号の成立過程と関わって否定的にとらえられることが多い。しかし、推古朝に「天皇」

号の始用／試用がなされ、それを促す国際的国内的条件もあったとすれば、「天皇記」と題する書の編纂が試みられたとみる余地はあろう。

新羅王権の称号模索　興味深いことに六世紀前半の新羅でも、王族称号の漢語表記をめぐる模索がなされていたらしい。「乙巳年」（五二五）と「己未年」（五三九）の年紀をもつ「蔚州川前里書石」の銘文には、「葛文王」「太王」とともに「女郎王」「妹王」「王妃」「太王妃」「夫人」「郎」などの称号がみえる。「太王」とあるのは法興王（在位五一四～五四〇）で、「葛文王」はその弟、「女郎王」＝「妹王」は法興王の妹、「郎」とあるのは「葛文王」の息子（のちの真興王）である（橋本繁「鬱州川前里書石原銘・追銘にみる新羅王権と王京六部」、小倉滋司・三上喜孝編『古代日本と朝鮮の石碑文化』）。

新羅も倭国もそれぞれ、漢字文化圏にあって、中国王朝との距離をはかりつつ国家形成／王権強化をなしとげていった。その過程で「王」「妃」「女郎」「夫人」といった共通する漢語称号が、異なる文脈でそれぞれの王権構造に応じて選び取られ、国内身分秩序形成のツールとなっていったのである。倭国においては、推古朝がその画期だったとみてよいだろう。

2 仏法興隆の記憶――『日本霊異記』冒頭説話

九世紀初に僧景戒によってまとめられた『霊異記』は、人々を正しい信仰に導こうとの意図をもって、仏教が日本に伝来して以来の霊異を筆録した説話集である（上巻序）。ところが上巻第一・二話は、直接仏教に関わる話ではない。ただし第二話は、次の第三話および中巻第四話・第二十七話とともにいわゆる「道場法師系説話」を構成し、全体として元興寺の功徳を語り仏教信仰の優位性を示すものとなっている。第一話「電を捉へし縁」だけが、雄略天皇が少子部スガルに雷神を捉えさせる話で、仏教的要素がみられない。そのためこれまでは、仏教と無縁の話が仏教説話集の冒頭に据えられるのは何故か、不審が持たれてきた。

雷神を捉えた話

そこで第一話の舞台設定（場）に注目してみると、伝統的神々への信仰を克服し得た力として仏教が暗示されており、さらにその焦点は推古の記憶に結ばれることがみえてくる（義江「〝雷神を捉えた話〟と推古天皇」）。これと同根の話が『霊異記』に先立って『書紀』にもみえるが、両者を見比べると重要な相違点がある。まずそこから見ていこう。

両話のあらましは次の通りである。

『日本書紀』雄略七年七月丙子条

雄略天皇（大泊瀬幼武）は、「三諸岳の神の形」を見たいと思い、少子部スガルに「汝、膂力人に過ぎたり。自ら行きて捉て来」（おまえは力にすぐれているから神を捉えてこい）と命じた。スガルは三諸岳に登り、「大蛇」を捉えて来て天皇に示した。天皇が斎戒しなかったところ、「雷虺々きて、目精赫々く」（神は怒って雷音をとどろかせ雷光をかがやかせた）。天皇は畏れて目をおおって殿中に隠れ、神を岳にもどさせた。スガルの名を改めて雷とした。

『霊異記』上巻第一話

雄略天皇（大泊瀬稚武）が「磐余宮」にいる時、空で電が鳴り出したので、天皇は少子部スガルに「鳴雷」を捉えるよう命じた。スガルは宮をでて、「緋の縵を額に著け、赤き幡鉾を擎げて」（赤い鉢巻きをしめ、赤い桙を手にもって）馬に乗り、「阿倍の山田の前の道と豊浦寺の前の路」を走っていった。「軽の諸越の衢」に至って、「天の鳴電神、天皇請け呼び奉る」（天の雷神よ、天皇がお呼びであるぞ）と叫び、そこから馬で走り還りながら「電神と雖も、何の故にか天皇の請けを聞かざらむ」（雷神であっても、天皇のお呼びをどうして拒否できようか）といった。走り還る時に、「豊浦寺と飯岡との間」に鳴電が落ちていたので、神司を呼んで「轝籠」に入れて宮に運んだ。ところが電が「光りを放ち明り炫」いたので、天皇は恐れて幣帛を進り、落ちた処に返させた。そこは今も「電岡」と呼んでいる。「古京の少治田の宮」の北に在りという。

のちにスガルが死ぬと、天皇は七日七夜とどめて忠信をしのんだ後に、雷の落ちた処に墓を作った。碑文の柱を立て、「電を取りしスガルが墓」と書かせた。これを悪(にく)み怨んで鳴り落ちた電は、碑文の柱を践(ふ)みつけ、柱の折(さ)け目に揲(はさま)って捕らえられた。天皇は許して放たせたが、そののちも雷は七日七夜、放心状態で地上にとどまっていた。天皇はあらためて碑文の柱を立て、「生きても死にても電を捕れるスガルが墓なり」と書かせた。これがいわゆる「古京の時／古時」、名づけて「電の岡」という地名の由来である。

雄略がスガルに命じて雷神を捉えさせたという骨格は共通だが、『書紀』はスガルの命名譚、『霊異記』は雷岡の地名由来譚である。前後二段からなる『霊異記』の話は、前段の最後が「今に電岡と呼ぶ。古京の少治田宮の北にあり」、後段の最後が「いわゆる古京の時（別の写本では「古時」）に名づけて電岡といふ」で結ばれる。「古京の少治田宮の北にある電岡」に、語りの焦点となる場が設定されていることがわかる。少治田宮は推古の宮であり、もちろん、雄略の時代には存在しない。

神の性格と捉えられる場、そして捉えられた後の展開も異なる。『書紀』の話で捉えられたのは、ヤマト王権発祥以来の重要な畏怖と崇敬の対象だった三諸岳（三輪山）という特定の在地の神である。神はスガルの「膂力」によって「大蛇」の姿で捉えられるが、雷神としての本性を顕すと、神威を恐れた天皇は神を本拠の三諸岳に戻す。一方『霊異記』の話で捉えられるのは、天上の雷神という普遍的な神である。落ちた雷神は「磐余宮」に運ばれるが、光輝く神を恐れて天皇は落雷地点に返させた。

『書紀』ではそこで話が終わるが、『霊異記』では（一度天上に戻った神が）さらにもう一回落ちて、捕えられた神は神威を失ってしまう。雷神を二度にわたって捉え神威を失わせるために必要とされたのが、『書紀』にはみえないさまざまな舞台設定である。

磐余宮から豊浦宮へ

『霊異記』のスガルは、赤い鉢巻きをして赤い桙を手に持ち、「神を請け奉れ」という雄略の命令を果たすために馬を走らせた。赤鉢巻きに赤い桙という特異な出で立ちは、シャーマンに通じる扮装である。『霊異記』の具体的で鮮やかな雷神捕捉の描写は、神の降臨を仰ぐ宗教儀礼なのである（守屋俊彦「上巻第一縁考」）。儀礼の行われる場を、その進行にそって整理すると次のようになる。

出発点と（一回目の）帰着点	磐余宮
スガルの経路	安倍山田の前の道と豊浦寺の前の道
神への呼びかけ・折り返し地点	軽の諸越のチマタ
落雷／捕捉地点（＝雷岡）	豊浦寺と飯岡の間／古京の少治田宮の北

「磐余」は、五世紀後半から六世紀後半頃までの王宮の所在地である。履中の磐余稚桜宮、清寧の磐余甕栗宮、継体の磐余玉穂宮に加えて、敏達の譯語田幸玉宮、用明の池辺双槻宮も「磐余」にあった（図4「「磐余」の諸宮」三四頁）。伝承上の初代神武天皇の名はイワレヒコ（磐余彦／伊波礼毘古）、神

功皇后の宮とされるのも磐余稚桜宮である。だが六世紀末に即位した推古の豊浦宮以降、王宮は「磐余」の地を離れ飛鳥近辺で営まれるようになる。

雄略の宮は、『記』『紀』では泊瀬（長谷）朝倉宮であり、稲荷山鉄剣銘文にはワカタケル大王の宮として「斯鬼宮」がみえる。『霊異記』も、「泊瀬の朝倉の宮に二十三年天の下治めたまひし雄略天皇」と語りだしたあとに、「磐余の宮に住みたまひし時に」とつづけるのである。『霊異記』以外には、雄略の「磐余宮」は見えない。史実かどうかは別にして、説話の構造として「磐余宮に住みたまひし時」と語る必要があったのである。そこには飛鳥以前の、旧来の王権の所在地が寓意されている。

『書紀』でスガルが捉えるよう命じられたのは三諸岳（三輪山）の神なので、スガルはただちに三諸岳にのぼり、自らの力（「膂力」）によって大蛇を捕えた。それに対して『霊異記』では、天空の鳴雷を招き降ろすために、馬にまたがったスガルは「磐余宮」を走り出て、飛鳥の「豊浦寺」の前を通り、軽のチマタに向かう。もちろん、「豊浦寺」は雄略の時代には存在しない。スガルの経路を示すのにあえて「豊浦寺」をいうのは、推古の記憶と重ねあわせるためだろう。

チマタは道路が交差する交通上・軍事上の要衝で、外界から訪れる尊貴な霊・神・人の通路でもあった（前田晴人「古代王権と衢」）。「諸越」とは文字通り、諸々のモノが四方八方からやってくる場所である。軽のチマタでは、推古二〇年（六一二）に堅塩媛改葬の盛大な儀式が行われた。推古の母である蘇我堅塩媛の亡骸に誄の呼びかけがなされ、迎えられた亡骸（霊）は推古の父欽明の眠る「檜隈大陵」へと送られたのである（第四章4節「堅塩媛改葬」）。第一話でスガルによる神への呼びかけ・折り返し地点とされた「軽の諸越のチマタ」も、推古の記憶に焦点を結ぶのである。

説話におけるスガルの移動経路を、磐余から飛鳥へという歴史上の王宮の移動を背景にとらえ直すと、磐余を中心に宮が営まれていた五～六世紀の王権による三輪山の雷神克服の伝承をベースに、そこに重ねあわせる形で六世紀末以降の王権による普遍的雷神克服の物語を語ろうとしたもの、それが『霊異記』冒頭の「電を捉へし縁」ということになる。前者の伝承の中心に位置するのは雄略だが、後者の中心に位置するのは（明示はされないが）推古である。

推古以降の王権に初めて明確に備わった力、伝統的神への信仰を克服し得た力、それは普遍的宗教としての仏教の力であり、「豊浦寺」はそのことを象徴する場なのではないか。

豊浦寺と豊浦堂

スガルが「豊浦寺の前の路」を走って軽の諸越のチマタに至り、雷神に呼びかけて走り還る時に、「豊浦寺と飯岡との間」に鳴雷は落ちた。経路の説明も落雷場所の設定もいろいろあり得ただろうに、なぜか「豊浦寺」が場として二回にわたりクローズアップされるのである。豊浦寺は、推古が治世一一年（六〇三）に小墾田宮に遷ったあと、豊浦宮の跡地に造営された寺院である（第三章3節「「向原家」と豊浦宮」）。のちのことになるが、仁寿四年（八五四）九月の太政官符には、「彼寺（豊浦寺＝建興寺）は、推古天皇の旧宮（ふるみや）なり。元（はじめ）、豊浦と号す。故に寺名となす」とある（『日本三代実録』元慶六年（八八二）八月廿三日条）。平安前期にも、豊浦寺と推古の王宮のつながりは広く知られていたのである。

『霊異記』は上巻第一～三話で雄略から敏達の時代の伝承を述べ、第四話「聖徳皇太子の異（くす）しき表」で聖人化された厩戸が登場する。つづく第五話「三宝を信敬ひて現報を得る縁」の主人公は、大部ヤスノコという紀伊国の豪族である。ヤスノコは生涯をかけて崇仏を貫き、高位と長寿という現世での果報を得た。『霊異記』の描くヤスノコの活躍は、霊木による仏像制作、それを「豊浦堂」に据え、排仏の嵐の中でも仏像を守り通したこと、僧が斧で祖父を殴った事件を契機に設けられた僧尼統制機関の僧都に任じられ、僧尼を検校したことなど、いずれも『書紀』の記事に強引にヤスノコをからませたにすぎない。しかもそれら全てを、敏達皇后／推古の命令によるものとするのである。ヤスノコの篤い崇仏は推古への忠誠と一体不可分に描かれており、第五話前半の影の主人公は推古ともいえる（八重樫直比古「推古天皇・聖徳太子と大部屋栖野古」）。ただし「豊浦堂」は、『書紀』の一連の関連記事には見えない。『霊異記』独自の舞台設定である。

『日本霊異記』の構想

　第五話後半ではヤスノコの死去→蘇生譚を経て、聖武天皇が「聖徳皇太子」の生まれ変わりであること、行基が「文殊菩薩」のこの世における仮の姿であることが、著者景戒により示される。聖武と行基は『霊異記』中巻説話群において、仏教興隆の担い手として描かれている。その発端をなす第五話に、影の主人公として推古が登場し、「豊浦堂」とのつながりが語られることは、『霊異記』の全体構想を考える上で無視できない。

　『霊異記』には上巻第一話のほかにもう一箇所、下巻第三十八話に「豊浦寺」が登場する。景戒の自伝を含み、異例の長さと構成をもつ話である。その中で光仁天皇の即位による新たな時代の始まりを告げる予兆として、「朝日刺す　豊浦寺の西に有るや　押してや　桜井に　押してや　押してや（中略）国そ栄えむ　我が家そ栄えむ　押してや」なる歌を人々がこぞって歌ったとする。『続日本紀』（光仁即位前紀）にもほぼ同じ童謡（わざうた）がみえるが、そこでは「葛城寺の前なるや　豊浦寺の西なるや」となっている。催馬楽（さいばら）の同歌も「可川良支乃（かつらきの）　天良乃末戸名留也（てらのまへなるや）　止与良乃天良乃（とよらのてらの）　尓之奈留也（にしなるや）（後略）」で、謡われるのは葛城寺と豊浦寺である。ところが『霊異記』は豊浦寺だけに焦点をあて、その西から新たな王権の繁栄が始まるとするのである。

つづく第三十九話で当代の嵯峨天皇が高僧の生まれ変わりであることが語られ、『霊異記』全巻はしめくくられる。王権と仏教の相依守護の関係を、豊浦寺に始まり（上巻第一話）豊浦寺で再生する（下巻第三十八話）ものとして描き、仏教と王権の融合した当代を賛美しておわる（最終第三十九話）というのが、『霊異記』の最終的な全体構想だったのではないか。この構想のもと、雄略の時代の雷神捕捉譚に推古の時代を重ねあわせる場の設定が要請されたのである。

「古京」の少治田宮

雷神は「豊浦寺と飯岡の間」に落ちて捉えられた。飯岡の地はながらく不明とされてきたが、近年、桜井市山田のなかの小字地名であることが『桜井市史』により明らかになった。山田寺跡から県道一五号桜井明日香吉野線を挟んだ西北方に位置する小丘付近が、小字「飯岡」にあたるらしい（奈良文化財研究所飛鳥資料館『飛鳥・藤原京の道』、本郷真紹監修・山本崇編『考証日本霊異記』上）。

落雷地点は、「古京の時」になづけて「雷岡」と呼ばれようになり、それは「古京の少治田の宮の北」にあたるという。小治田宮は八世紀半ばの淳仁・称徳朝にも存在し、『続日本紀』には数回の行幸記事がある。雷丘東方遺跡の発掘調査で七世紀後半から九世紀初の三時期にわたる遺跡が確認され、一九八七年には「小治田宮」と記した墨書土器が発見されて、ここが淳仁・称徳朝の小治田宮所在地であることがほぼ確定した。『霊異記』が編纂された九世紀初に「小治田宮」といえば、それは雷丘東方に所在した奈良時代の宮をさしたのである。

一方、推古の「小墾田宮」は、かつては山田道を挟んで豊浦寺の北方に位置する「古宮土壇」のあたりが跡地と考えられてきた。しかし近年では、古山田道は山田を越えたあたりで南下し、飛鳥寺北面大垣に沿って西行したのち、豊浦寺あたりで左折して軽のチマタに向かったことが明らかになった。これにともない、古山田道を境とする飛鳥寺の北方一帯に推古の宮を想定する説が有力となっている(第四章3節図版「古山田道と小墾田宮推定地」一一八頁)。『霊異記』が「古京の」とあえて限定句をつけたのは、奈良時代の小治田宮ではなく、推古の時代の「少治田宮」であることを明示するためだった。それによって、雄略の時代の出来事として語られる第一話が、実は推古の時代の王権と仏教の話であることを示唆したのではないだろうか。

推古の事蹟

推古はその生涯をかけて、「三宝興隆」につくした。ただしそれは仏教の教義に深く沈潜する宗教者としてのそれではない。仏法を倭国興隆の軸にすえ、固有の信仰を超える普遍性によって王権の強化をなしとげたのである。

治世二年目(五九四)に発した「三宝興隆」の詔では、各氏族に大王のための造寺がもとめられた。『書紀』によれば、晩年の推古三二年(六二四)には、「寺四十六所、僧八百十六人、尼五百六十九人、あわせて一千三百八十五人」だったという。その後も仏法は着実に広まり、王権を支える理念的柱として定着する。

だが、推古のこうした事蹟は、その後、聖徳太子の影に覆われて次第に見えなくなっていってしまう（現在に至るまで）。『霊異記』は、奈良時代末から平安初の時点ではそれがまだ人々の記憶の底に刻まれていたことを、おぼろげながらも示してくれるのである。

参考史料・参考文献

本書全体をつうじての主要参考公刊史料を「主要参考史料」に、それ以外の史料および図録類は、「参考文献」の各章末尾に示した。参考文献は著者名、史料・図録類は書名の五〇音順とした。

主要参考史料

『延喜式』中（虎尾俊哉編、〈訳注日本史料〉集英社、二〇〇七年）。

「元興寺伽藍縁起幷流記資財帳」（岩城隆利編『元興寺編年史料』上、吉川弘文館、一九六三年。松田和晃編著『索引対照　古代資財帳集成　奈良期』、すずさわ書店、二〇〇一年）。

＊写真版は『飛鳥寺』（奈良文化財研究所飛鳥資料館編、一九八六年）参照。

＊現代訳／大意は、田村圓澄「『元興寺古縁起（元興寺伽藍縁起幷流記資財帳）』私釈・私考」（井上光貞博士還暦記念会編『古代史論叢』中、吉川弘文館、一九八三年）参照。

『古事記』（山口佳紀・神野志隆光校注・訳、〈新編日本古典文学全集〉小学館、一九九七年）。

『三国史記』（金思燁訳『完訳　三国史記』（上）（中）（下）、六興出版、一九八〇年〜八一年）。

『上宮聖徳法王帝説』（東野治之校注、〈岩波文庫〉岩波書店、二〇一三年）。

『上宮聖徳太子伝補闕記』『聖徳太子伝暦』『聖徳太子平氏伝雑勘文』「上宮太子拾遺記」（『大日本仏教全書』一一一〈聖徳太子伝叢書〉、名著出版会、一九七九年覆刻）。

『続日本紀』（青木和夫他校注、〔新日本古典文学大系〕岩波書店、一九八九年～九八年）。

『隋書』倭国伝（石原道博編訳『新訂　魏志倭人伝他三編――中国正史日本伝（1）』〔岩波文庫〕岩波書店、一九八五年）。

「大安寺伽藍縁起幷流記資財帳」（竹内理三編『寧楽遺文』中、東京堂出版、一九六二年。前掲松田和晃編著『索引対照　古代資財帳集成　奈良期』）。

『日本書紀』上・下（坂本太郎他校注、〔日本古典文学大系〕岩波書店、一九六五年）。
＊現代訳は『日本書紀』Ⅲ（井上光貞監訳、笹山晴生訳、〔中公クラシックス〕中央公論新社、二〇〇三年）参照。
『日本霊異記』（中田祝夫校注・訳、〔新編日本古典文学全集〕小学館、一九九五年）。

「天寿国繡帳」・同銘文（東京国立博物館『国宝　天寿国繡帳』、二〇〇六年。『大和古寺大観一　法起寺　法輪寺　中宮寺』岩波書店、一九七七年。両書収載の銘文はいずれも飯田瑞穂復原による）。

『扶桑略記』（〔新訂増補国史大系〕吉川弘文館、一九六五年）。

「法隆寺釈迦三尊像光背銘」「同釈迦如来及び脇侍像光背銘」「同薬師如来坐像光背銘」（奈良六大寺大観刊行会編『奈良六大寺大観二　法隆寺二』岩波書店、一九六八年。奈良国立文化財研究所飛鳥資料館編『飛鳥・白鳳の在銘金銅仏』同朋舎、一九七九年）。

『本朝皇胤紹運録』（『群書類従』五〔訂正三刷〕、続群書類従完成会、一九六〇年）。

『万葉集』（小島憲之他校注・訳、〔新編日本古典文学全集〕小学館、一九九五年）。

各章参考文献

第一章　欽明と蘇我堅塩媛の子として

明石　一紀　一九九〇『日本古代の親族構造』吉川弘文館。
今井　堯　一九九七「古墳時代前期における女性の地位」（初出一九八二）総合女性史研究会編『日本女性史論集2　政治と女性』吉川弘文館。
遠藤みどり　二〇一五「令制キサキ制度の基礎的研究」（初出二〇一〇・二〇一一）『日本古代の女帝と譲位』塙書房。
大平　聡　一九八六「日本古代王権継承試論」『歴史評論』四二九。
加藤　謙吉　一九八三『蘇我氏と大和王権』吉川弘文館。
川口　勝康　一九八一「五世紀の大王と王統譜を探る」原島礼二他編『巨大古墳と倭の五王』青木書店。
岸　俊男　一九八八「「額田部臣」と倭屯田」（初出一九八五）『日本古代文物の研究』塙書房。
鈴木　靖民　二〇一一「反正天皇雑考――記紀を中心として」『国学院雑誌』一一二―十一。
清家　章　二〇一〇『古墳時代の埋葬原理と親族構造』大阪大学出版会。
清家　章　二〇二〇『卑弥呼と女性首長〈新装版〉』吉川弘文館（初刊二〇一五、学生社）。
田中　禎昭　二〇一五「古代戸籍と年齢原理――編戸の統計学的検討」『日本古代の年齢集団と地域社会』吉川弘文館。
土田　可奈　二〇〇三「私部の設置と意義――越前国加賀郡の事例を通して」『新潟史学』五〇。
東野　治之　二〇一三「解説」『上宮聖徳法王帝説』〈岩波文庫〉、岩波書店。
遠山美都男　一九九九「「上宮王家」論――日本の国家形成と王族」（初出一九八七）『古代王権と大化の改新――律令制国家成立前史』雄山閣出版。

虎尾　達哉　二〇〇七「律令国家と皇親」（初出一九八八）『律令官人社会の研究』塙書房。
西野悠紀子　一九八二「律令体制下の氏族と近親婚」女性史総合研究会編『日本女性史1原始・古代』東京大学出版会。
仁藤　敦史　二〇〇六『女帝の世紀――皇位継承と政争』（角川選書）角川書店。
橋本　義則　一九九五「平安宮内裏の成立過程」『平安宮成立史の研究』塙書房。
古市　晃　二〇一九「王名サザキについて」（初出二〇一六）『国家形成期の王宮と地域社会――記紀・風土記の再解釈』塙書房。
黛　弘道　一九八二「ソガおよびソガ氏に関する一考察」『律令国家成立史の研究』吉川弘文館。
三崎　裕子　一九九七「キサキの宮の存在形態について」（初出一九八八）総合女性史研究会編『日本女性史論集2　政治と女性』吉川弘文館。
森　公章　二〇一四「国造制と屯倉制」『岩波講座日本歴史2　古代2』岩波書店。
義江　明子　二〇〇〇「系譜類型と「祖の子」「生の子」」（初出一九九二）／「「ミアヒテウム」をめぐって」（初出一九九七）『日本古代系譜様式論』吉川弘文館。
義江　明子　二〇〇九『県犬養橘三千代』（人物叢書）吉川弘文館。
義江　明子　二〇一一『古代王権論――神話・歴史感覚・ジェンダー』岩波書店。
義江　明子　二〇一七「系譜様式論からみた大王と氏」『日本古代女帝論』塙書房。
吉田　孝　一九八三「イヘとヤケ」『律令国家と古代の社会』岩波書店。
吉村　武彦　一九九六「古代の王位継承と群臣」（初出一九八九）『日本古代の社会と国家』岩波書店。

第二章　政争の渦中へ

荒木　敏夫　一九八五『日本古代の皇太子』（古代史研究選書）吉川弘文館。
稲田奈津子　二〇一五「殯儀礼の再検討」『日本古代の喪葬儀礼と律令制』吉川弘文館
井上　光貞　一九八五「古代の皇太子」（初出一九六五）『井上光貞著作集』一、岩波書店。
岸　俊男　一九六六「ワニ氏に関する基礎的考察」（初出一九六〇）『日本古代政治史研究』塙書房。
白石太一郎　二〇〇五「磯長谷古墳群の提起する問題——敏達・石姫合葬墓の問題を中心に」『大阪府立近つ飛鳥博物館　館報』九。
関口　裕子　一九九三「日本古代における「姦」について」『日本古代婚姻史の研究』上、塙書房。
薗田　香融　一九八一「皇祖大兄御名入部について」（初出一九六八）『日本古代財政史の研究』塙書房。
寺西　貞弘　一九八八「天武天皇所生皇子生年考証」（初出一九八一）『古代天皇制史論——皇位継承と天武朝の皇室』創元社
仁藤　敦史　一九九八「皇子宮の経営——大兄と皇弟」（初出一九九三）『古代王権と都城』吉川弘文館。
三崎　裕子　一九九七「キサキの宮の存在形態をめぐって」（初出一九八八）総合女性史研究会編『日本女性史論集2　政治と女性』吉川弘文館。
本居　宣長　一九六九『本居宣長全集十二　古事記伝四』（天保四年（一八三三）刊）筑摩書房。
吉田　一彦　二〇一二『仏教伝来の研究』吉川弘文館。
吉田　孝　二〇一八「トコロ覚書」（初出一九八七）『続　律令国家と古代の社会』岩波書店。
和田　萃　一九九五「殯の基礎的考察」（初出一九六九）『日本古代の儀礼と祭祀・信仰』上、塙書房。
渡里　恒信　二〇〇八「磐余池と海石榴市」（初出一九九六）／「城上宮について——その位置と性格」（初出一九九八）『日本古代の伝承と歴史』思文閣出版。

『大和吉備池廃寺——百済大寺跡』（奈良文化財研究所、吉川弘文館、二〇〇三年）。

第三章　権力掌握

榎村　寛之　一九九七「諡号より見た古代王権継承意識の変化」岡田精司編『古代祭祀の歴史と文学』塙書房。
大脇　潔　一九九七「蘇我氏の氏寺からみたその本拠」『堅田直先生古希記念論文集』真陽社。
北　康宏　二〇一七「陵墓治定信憑性の判断基準」（初出二〇〇七）『日本古代君主制成立史の研究』塙書房。
篠川　賢　二〇〇九『物部氏の研究』雄山閣。
田中　禎昭　二〇一五「古代戸籍と年齢原理——編戸の統計学的研究」『日本古代の年齢集団と地域社会』吉川弘文館。
東野　治之　二〇一七「法隆寺金堂薬師像の光背銘と天寿国繡帳の銘文」（初出二〇一三）『史料学遍歴』雄山閣。
虎尾　達哉　二〇〇七「律令国家と皇親」（初出一九八八）『律令官人社会の研究』塙書房。
長久保（児島）恭子　一九八〇「『和風諡号』の基礎的考察」竹内理三編『古代天皇制と社会構造』校倉書房。
仁藤　敦史　二〇〇六『女帝の世紀―皇位継承と政争』（角川選書）角川書店
仁藤　敦史　二〇一八「「聖徳太子」の名号について」新川登亀男編『日本古代史の方法と意義』勉誠出版。
花谷　浩　二〇〇〇「飛鳥寺・豊浦寺の創建瓦」／「豊浦寺の伽藍配置について」古代瓦研究会編『古代瓦研究Ⅰ―飛鳥寺の創建から百済大寺の成立まで―』奈良国立文化財研究所。
服藤　早苗　二〇〇一『平安朝に老いを学ぶ』朝日新聞社。
福山　敏男　一九三五「法隆寺の金石文に関する二三の問題」『夢殿』一三。
福山　敏男　一九六八「飛鳥寺の創立」（初出一九三四）／「豊浦寺の創立」（初出一九三五）『日本建築史研

究』墨水書房。
古市　晃　二〇〇九「孝徳朝難波宮の史的意義」（初出二〇〇二）／「君臣統合における仏教の意義」『日本古代王権の支配論理』塙書房。
松木裕美　一九七五「二種類の元興寺縁起」『日本歴史』三二五。
三崎裕子　一九九七「キサキの宮の存在形態をめぐって」（初出一九八八）総合女性史研究会編『日本女性史論集2　政治と女性』吉川弘文館。
水野柳太郎　一九九三「日本書紀と元興寺縁起」『日本古代の寺院と史料』吉川弘文館。
山田英雄　一九八七「古代天皇の諡について」（初出一九七三）『古代史攷』岩波書店。
義江明子　二〇〇二「推古天皇の讃え名〝トヨミケカシキヤヒメ〟を巡る一考察」『帝京史学』一七。
義江明子　二〇〇九『県犬養橘三千代』（人物叢書）吉川弘文館。
義江明子　二〇一七「系譜様式論からみた大王と氏」（二〇〇二）『日本古代女帝論』塙書房。
吉村武彦　一九九六「古代の王位継承と群臣」（初出一九八九）『日本古代の社会と国家』岩波書店。
和田　萃　一九九五「殯の基礎的考察」（初出一九六九）『日本古代の儀礼と祭祀・信仰』上、塙書房。
『考古学からみた推古朝』（大阪府立近つ飛鳥博物館、二〇一三年）。
『釈日本紀』所引「上宮記」（黛弘道「継体天皇の系譜について」「継体天皇の系譜についての再考」〔『律令国家成立史の研究』吉川弘文館、一九八二年〕所載校訂文による）。
「豊浦寺第3次調査」（奈良国立文化財研究所『飛鳥・藤原宮発掘調査概報』16、一九八六年）。
『冥報記』（説話研究会編『冥報記の研究』一、勉誠出版、一九九九年）。
『冥報記全釋』（伊野弘子訳注、汲古書院、二〇一二年）。

第四章　遣隋使と仏教

相原　嘉之　二〇一三「飛鳥寺北方域の開発——七世紀前半の小墾田を中心として」『橿原考古学研究所論集』一六。
荒木　敏夫　二〇〇六「倭王・王妻・太子——六・七世紀倭王権の権力構造」『日本古代王権の研究』吉川弘文館。
石上　英一　一九八七「古代東アジア地域と日本」『日本の社会史』1　岩波書店。
井上　光貞　一九八六「推古朝外交政策の展開」（初出一九七一年）『井上光貞著作集』五、岩波書店。
石田　尚豊　一九九七「聖徳太子の生涯と思想」同編集代表『聖徳太子事典』柏書房。
金子　修一　二〇一五「則天武后——女帝と祭祀」小浜正子編『ジェンダーの中国史』勉誠出版。
鐘江　宏之　二〇一一「「日本の七世紀史」再考——遣隋使から大宝律令まで」『学習院史学』四九。
川尻　秋生　二〇一四「飛鳥・白鳳文化」『岩波講座日本歴史2　古代2』岩波書店。
河上麻由子　二〇一一『古代東アジア世界の対外交渉と仏教』山川出版社。
岸　　俊男　一九八八「朝堂の初歩的考察」（初出一九七五年）『日本古代宮都の研究』岩波書店。
北　　康宏　二〇一七「律令国家陵墓制度の基礎的研究——「延喜諸陵寮式」の分析からみた」（初出一九九六）『日本古代君主制成立史の研究』塙書房。
気賀澤保規　二〇一二「『隋書』倭国伝からみた遣隋使」同編『遣隋使がみた風景』八木書店。
気賀澤保規　二〇一六『則天武后』（初刊一九九五、白帝社）講談社学術文庫、講談社。
河内　春人　二〇一二「遣隋使の「致書」国書と仏教」気賀澤保規編『遣隋使がみた風景』八木書店。
佐藤　隆　二〇〇〇「四天王寺の創建瓦」『古代瓦研究Ⅰ——飛鳥寺の創建から百済大寺の成立まで』〔古代瓦研究会シンポジウム記録〕奈良国立文化財研究所。

白石太一郎　二〇〇五　「前方後円墳の終焉」同編『古代を考える　終末期古墳と古代国家』吉川弘文館。
関口　裕子　二〇〇四　「日本古代における夫婦合葬の一般的不在」（初出二〇〇一）『日本古代家族史の研究』下、塙書房。
高橋　照彦　二〇〇五　「欽明陵と檜隈陵――大王陵最後の前方後円墳」『待兼山考古学論集――都出比呂志先生退任記念』大阪大学考古学研究室。
田島　公　一九八六　「外交と儀礼」岸俊男編『日本の古代7　まつりごとの展開』中央公論社。
田中　史生　二〇一四　「『元興寺伽藍縁起幷流記資財帳』と出土文字資料――善信尼らの百済留学をめぐって」『日本歴史』七九九。
東野　治之　一九九二　「日出処・日本・ワークワーク」（初出一九九一）『遣唐使と正倉院』岩波書店。
東野　治之　一九九七　『木簡が語る日本の古代』（同時代ライブラリー）岩波書店。
東野　治之　二〇〇四　「法隆寺金堂釈迦三尊像の光背銘」『日本古代金石文の研究』岩波書店。
時野谷　滋　二〇〇四　「『日本書紀』の用字三題――姫と媛と彦」『藝林』五三―二（二五二）。
仁藤　敦史　一九九九　「小墾田宮と浄御原宮」『古代文化』五一―三。
仁藤　敦史　二〇一八　「「聖徳太子」の名号について」新川登亀男編『日本古代史の方法と意義』勉誠出版。
橋本　義則　二〇一八　「古代貴族の営墓と「家」」（初出一九九〇）『日本古代宮都史の研究』青史出版。
土生田純之　一九九九　「最後の前方後円墳――古墳文化の転機」吉村武彦編『古代を考える　継体・欽明朝と仏教伝来』吉川弘文館。
林部　均　二〇〇一　「「小墾田宮」の復元」『古代宮都形成過程の研究』青木書店。
福山　敏男　一九六八　「飛鳥寺の創立」（初出一九三四年）『日本建築史研究』墨水書房。
義江　明子　二〇一一　『古代王権論　神話・歴史感覚・ジェンダー』岩波書店。

義江　明子　二〇一三　「遣隋使・遣唐使になぜ女はいないのか」総合女性史学会編『女性官僚の歴史　古代女官から現代キャリアまで』吉川弘文館。

義江　明子　二〇一七　「新羅善徳王をめぐる〝女主忌避〟言説」『日本古代女帝論』塙書房。

義江　明子　二〇一八　『つくられた卑弥呼――〈女〉の創出と国家』（初刊二〇〇五、ちくま新書）（ちくま学芸文庫）筑摩書房。

吉田　孝　一九九七　『日本の誕生』（岩波新書）岩波書店。

『飛鳥寺二〇十三』（奈良文化財研究所飛鳥資料館、二〇一三）。

『飛鳥・藤原京への道』（奈良文化財研究所飛鳥資料館、二〇一三年）。

『斉明紀』（奈良国立文化財研究所飛鳥資料館、一九九六年）。

『蘇我三代』（奈良国立文化財研究所飛鳥資料館、一九九五年）

『蘇我氏を掘る』（奈良県立橿原考古学研究所附属図書館、二〇一六年）。

第五章　遺詔の重み

阿部　武彦　一九八四　「古代族長継承の問題について」（初出一九五四）『日本古代の氏族と祭祀』吉川弘文館。
荒木　敏夫　二〇一三　「古人大兄皇子論」『国立歴史民俗博物館研究報告』一七九。
池田　貴則　二〇〇八　「磯長谷古墳群の概要」『ヒストリア』二一二。
加藤　謙吉　一九八三　『蘇我氏と大和王権』（古代史研究選書）吉川弘文館。
倉本　一宏　二〇〇九　「推古天皇――その大王位継承プラン」鎌田元一編『古代の人物1　日出づる国の誕生』清文堂出版。
白石太一郎　二〇一五　「二つの推古陵――植山古墳と山田高塚古墳の提起する問題」『大阪府立近つ飛鳥博物館

館報』一九。
薗田香融　一九八一「皇祖大兄御名入部について」（初出一九六八）『日本古代財政史の研究』塙書房。
東野治之　二〇〇四「法隆寺金銅釈迦三尊像の光背銘」『日本古代金石文の研究』岩波書店。
仁藤敦史　一九九八「上宮王家と斑鳩」（初出一九八五・一九九一）『古代王権と都城』吉川弘文館。
黛弘道　一九八二「舂米部と丸子部――聖徳太子子女名義雑考」『律令国家成立史の研究』吉川弘文館。
森博達　二〇一一『日本書紀　成立の真実――書き換えの主導者は誰か』中央公論新社。
義江明子　二〇一五「伝承の斎王――〈ヒメ〉名称を手がかりに」『大美和』一二九。
『飛鳥・白鳳の在銘金銅仏』（奈良国立文化財研究所飛鳥資料館編、同朋社、一九七九年）。
『考古学からみた推古朝』（大阪府立近つ飛鳥博物館、二〇一三年）。
『古京遺文注釈』（上代文献を読む会編、桜楓社、一九八九年）。
『史跡　植山古墳』（奈良県橿原市教育委員会編〔橿原市埋蔵文化財調査報告第9冊〕二〇一四年）。
『大和吉備池廃寺――百済大寺跡』（奈良文化財研究所編、吉川弘文館、二〇〇三年）。

第六章　語りの中の推古

飯田瑞穂　二〇〇〇「天寿国曼荼羅繡帳縁起勘点文について」（初出一九六四）他『飯田瑞穂著作集1　聖徳太子伝の研究』吉川弘文館。
大橋一章　一九九七「天寿国図の復原」（初出一九八七年）『天寿国繡帳の研究』吉川弘文館。
桜田真理絵　二〇一八「日本古代における「大后」の意義」『日本古代学』一〇。
関根淳　二〇一三「天皇記・国記考」『日本史研究』六〇五。
津田左右吉　一九九二「天皇考」（初出一九四五）『津田左右吉全集』三、岩波書店。

橋本　繁　二〇一八「鬱州川前里書石原銘・追銘にみる新羅王権と王京六部」『史滴』（早稲田大学東洋史懇話会）四〇。
前田　晴人　一九九六「古代王権と衢」（初出一九七九年）『日本古代の道と衢』吉川弘文館。
守屋　俊彦　一九七八「上巻第一縁考」『続日本霊異記の研究』三弥井書店。
八重樫直比古　一九九四「推古天皇・聖徳太子と大部屋栖野古――上巻第五話」（初出一九八八年）『古代の仏教と天皇　日本霊異記論』翰林書房。
義江　明子　一九八六「「娶生」系譜にみる双方的親族関係――「天寿国繡帳銘」系譜」（初出一九八九年）『日本古代系譜様式論』吉川弘文館。
義江　明子　二〇〇三「〝雷神を捉えた話〟と推古天皇――『日本霊異記』上巻第一縁読解の一つの試み」大隅和雄編『文化史の諸相』吉川弘文館。
『飛鳥・藤原京への道』（奈良文化財研究所飛鳥資料館、二〇一三年）。
『考証日本霊異記』上（本郷真紹監修・山本崇編、法蔵館、二〇一五年）。
『古代日本と朝鮮の石碑文化』（小倉滋司・三上喜孝編〔国立歴史民俗博物館研究叢書〕4、朝倉書店、二〇一八年）。
「唐丞相曲江張先生文集」（『文苑英華』中華書局、二〇〇三年）

あとがき

推古天皇に親しみを感じたきっかけは何かといえば、山岸涼子氏のコミック『日出処の天子』である。白泉社のコミック版だったので、一九八〇年代後半だろうか。厩戸（聖徳太子）にはあまり興味を持たなかったが、貫禄たっぷりの中年の推古が、練達の政治家として叔父馬子とやりあい駆け引きをめぐらす姿は、新鮮でなぜか惹きつけられた。

古代女性史をめざして勉強中だったから、実力ある政治家としての推古の描かれ方に魅力を感じたのだろうが、その時は女帝を研究するつもりは全くなかった。氏族構造論・系譜様式論と並行して、古代社会における女性のありようをさまざまに探る仕事をつみ重ねていった。女帝研究に実際に手をそめることになるのは、二〇〇〇年代に入ってからである。

古代の女帝を、王位継承の枠組みの中だけでとらえるのではなく、社会構造全体の変化の中で考えるという私の基本的スタンスは、こうした研究の歩みと密接に関わる。双系的親族構造とその変化が女帝輩出と消滅の基礎にあるという確信に支えられて、少しづつ古代女帝論の構想を練りあげていった。

本書では、倭語と漢語の関係にもこだわった。世襲王権の形成に対応して双系的系譜が作られはじめた時、大王の御子（みこ）たちが男女区別なく「王」号で記されるのはなぜか、と考えたことがきっかけである。中国文明の辺縁にあって、その圧倒的な影響のもと、自立をめざしてもがきつつ、倭国の支配層は国家形成を成し遂げていった。王族にかかわる多様な漢語称号の模索も、その一つだろう。新羅でも、同様の模索があったらしい。推古の実名「額田部王」は、東アジア世界における倭国の王権形成に、思いがけない方向から私の視野を広げてくれることになった。

とはいえ、推古を専論として一書にまとめるのは、至難の業だった。推古の生きた六世紀後半～七世紀前半は、世襲王権の成立、蘇我氏、部民制・屯倉制、仏法興隆、聖徳太子、遣隋使、さらには天皇号の問題まで、古代史の重要論点に溢れている。それでいて基本史料の『日本書紀』は、矛盾と潤色に満ちていて、厳密な史料批判なしには一文たりとも使えない。対比して参照すべき金石文や寺院縁起も、それぞれに成立年代をめぐる疑念があり、膨大な研究史が日々更新されている状況である。飛鳥地域の発掘もめざましくすすみ、ほんの数年前の知見すら、再検討が必要になる。

それらの論点を一つ一つクリアしながら、評伝として推古をみつめる視点としては、〝蘇我系御子〟としての自覚／自負と、仏法興隆の事蹟に焦点をあてた。書き終えた今、自分なりの推古像がつかめたような気がしている。五世紀の男王の歴史をすぐれた統率力を群臣に示すことで打ち破った推古、七五歳で亡くなるまで蘇我系大王としての生をまっとうした推古を、とてもいとおしく思う。

本書の執筆依頼を受けてより十数年、担当編集者が交替するたびに、交替の挨拶と進捗状況をたずねる連絡をいただいた。そしてその都度、「今やっている仕事を終えたらやるつもりです」と答えて、とりかかれないままに年月だけが過ぎ去っていった。二〇一七年に『日本古代女帝論』をまとめ、ようやく本腰をいれて推古に取り組む決心を固め、昨年の春に担当の水野さんとお会いした。水野さんの御名前には憶えがあった。ずっと以前に、一度本書の担当者となり、再度の担当でやっと、本気の私と向かいあうことになったのである。

一年がかりで仕上げた原稿を渡した直後、新型コロナウイルス感染症の拡大に伴い、互いに在宅執筆・在宅勤務の身となった。直接動けないままに原稿整理・資料貸借をすすめることとなり、水野さんには多大の負担をおかけしてしまった。手を携えて困難を乗り越え、推古を世にだすことができたことに、深く感謝もうしあげたい。

二〇二〇年一〇月

義江明子

推古天皇略年譜

治世	西暦	干支	齢	関係事項	一般事項
継体二五	五三一	壬子		◇欽明即位〔帝説〕	
宣化　元	五三六			2・1大伴金村・物部麁鹿火を大連とすること故のごとし。蘇我稲目を大臣とす。	
三	五三八	戊午		◇欽明7＝戊午年に仏教公伝〔帝説・元縁起〕。 ◇稲目、牟久原殿（後宮）で、他国神（仏）を礼し始む〔元縁起〕。	
四	五三九			2・10宣化崩。11・17身狭桃花鳥坂上陵に葬り、皇后・孺子を合葬（以上、宣化紀）。 （以下、欽明即位前紀）10月宣化崩。12・1欽明即位。大伴金村・物部尾輿を大連、蘇我稲目を大臣にすること故のごとし。	
欽明　一	五四〇	庚申		1・15宣化の女石姫を皇后に（第二子＝敏達）。	9月大伴金村、任那問題で失脚。
二	五四一	辛酉		3月五妃を納る。第三妃蘇我堅塩媛、七男六女を	

五	五四四	甲子		生む（第一子＝用明、第四子＝推古）。	11月任那復興協議。
八	五四七	丁卯			4月百済、救援要請。
一三	五五二	壬申		4月敏達の兄箭田珠勝大兄薨。10月百済聖明王より仏像経論を献ず（仏教公伝）。崇仏論争。稲目は小墾田家に仏像安置。	
一四	五五三				1月百済、軍兵派遣要請。
一五	五五四	甲戌	1	額田部誕生（没年より）。1・7敏達、皇太子に（敏達即位前紀では二九年）。	1月倭・百済、新羅と戦い、聖明王戦死。
三〇	五六九	己丑	16	◇己丑年、稲目薨〔元縁起〕	
三一	五七〇	庚寅	17	3・1稲目薨。◇六五歳〔略記〕。	
三二	五七一	辛卯	18	額田部、敏達の妃に（推古即位前紀）。4月欽明崩。9月檜隈坂合陵に葬る。	
敏達 一	五七二	壬辰	19	4・3敏達即位。母石姫を皇太后に。**是月**百済大井に宮。物部守屋を大連とすること故のごとし。蘇我馬子を大臣とす。	5月王辰爾、高麗の書を読み解く。
三	五七四	甲午	21	10・9蘇我馬子に白猪屯倉と田部を増益せしむ。	
四	五七五	乙未	22	1・9息長真手王の女広姫を皇后に（第一子＝押坂彦人大兄）。他に春日老女子夫人・伊勢菟名子夫人。**是歳**訳語田幸玉宮を造る。11月広姫薨。	

五	五七六	丙申	23	**3・10**額田部を皇后に。二男五女を生む（第一子＝菟道貝蛸、東宮聖徳に嫁す。第二子＝竹田。第三子＝小墾田、彦人大兄に嫁す。第四子＝鸕鷀守。第五子＝尾張。第六子＝田眼、舒明に嫁す。第七子＝桜井弓張）。◇第四子＝葛城を加えて八名〔古事記〕。◇尾治王の娘位奈部橘王／多至波奈大女郎は厩戸と娶い、白髪王・手島女王を生む〔帝説・繍帳〕	
六	五七七	丁酉	24	**2・1**日祀部・私部を置く。	**11月**百済国王が経論・律師・禅師・比丘尼・呪禁師・造仏工・造寺工六人を献上。
八	五七九	己亥	26		**10月**新羅が仏像を送る。
一〇	五八一	辛丑	27		**2月**隋、建国。
一一	五八二	壬寅	28	◇壬寅年、牟久原殿を楷井に遷す〔元緑起〕。	
一三	五八四	甲辰	31	**9月**百済より鹿深臣が弥勒石像、佐伯連が仏像をもたらす。**是歳**馬子はその仏像を請い、司馬達等の女嶋らを出家せしめ崇敬。仏殿を宅の東方につくり、弥勒石像安置。また石川宅に仏殿。仏法の初め、これより作れり。	
一四	五八五	乙巳	32	**3月**物部守屋ら、仏法により疫病流行として排仏、	

				善信尼ら三尼を海石榴市の亭で鞭打つ。馬子は三尼を精舎で供養。8・15敏達崩。殯宮を広瀬に。殯宮で守屋と馬子の嘲りあい。三輪君逆、隼人に殯庭を距がせる。穴穂部、天下を取ろうと発憤して言あげす。9・5用明即位。磐余に池辺双槻宮。故のごとく、蘇我馬子を大臣、物部守屋を大連に。	9月酢香手姫、用明から推古まで三七年（推古三〇年にあたる）、伊勢神宮で日神に奉祀ののち、葛城に自ら退る〔用明即位前紀〕。
用明 一	五八六	丙午	33	1・1異母妹穴穂部間人を皇后に。四男を生む（第一子＝厩戸：豊聡耳聖徳／法大王。推古の世に東宮となり万機総摂）。5月穴穂部が額田部を奸そうと殯宮へ。三輪君逆が禦ぐ。穴穂部は守屋とともに磐余池辺を囲み、逆は三諸岳から後宮（額田部の海石榴市宮）に隠れたが、討たれる。額田部と馬子は穴穂部を恨む。	
二	五八七	丁未	34	4・2用明、新嘗の日に病し、群臣に三宝帰依の是非を問う。皇弟穴穂部、法師を引いて内裏へ。守屋は阿斗別業に退き、衆を集める。中臣勝海、彦人と竹田の像を作り厭う。馬子は槻曲家にあり。	4月用明の死にのぞみ、司馬達等の子鞍部多須奈、出家と造仏造寺祈願（坂田寺）。

年号	西暦	干支	年齢	事項	関連事項
				4・9用明崩。7・21磐余池上陵に葬る（以上、用明紀）。（以下、崇峻即位前紀）6・7馬子等は額田部（炊屋姫尊）を奉じて諸将に詔「穴穂部・宅部を誅殺せよ」。穴穂部の宮を囲み誅す。6・8宅部を誅す。7月馬子、泊瀬部・竹田・厩戸・難波・春日ら諸皇子と群臣に勧め、軍を引いて守屋を渋川家に攻める。厩戸は束髪於額（少年の髪型ヒサゴハナ）で軍の後ろにあり、四天王像を作り戦勝祈願（→四天王寺を造る）。馬子も三宝流通の誓い（→法興寺を起つ）。守屋死し、奴の半ばと宅を大寺（四天王寺）の奴・田荘に。◇時に厩戸は一四歳〔帝説〕。8・2額田部と群臣、崇峻に勧めて即位。馬子を大臣に。諸大夫の位も故のごとし。**是月**倉梯に宮。	6・21善信尼等、馬子に百済で戒法を学ぶことを願う。馬子は百済の調使に尼等を託そうとするが、この時はかなわず。
崇峻一	五八八	戊申	35	3月大伴小手子を妃とす。**是歳**百済、仏舎利・僧・寺工・露盤博士・瓦博士・画工を献上。飛鳥真神原に始めて法興寺を作る。	**是歳**馬子、善信尼らを百済に発遣。
二	五八九	己酉	36		1月隋、陳を滅ぼし中国統一。
三	五九〇	庚戌	37		3月学問尼善信等、百済より

年号	西暦	干支	齢	事項	関連事項
四	五九一	辛亥	38	4・13敏達を母石姫の磯長陵に葬る。	還り、桜井寺に住す。是歳多数の男女出家す。11月任那復興のため、二万余の軍を筑紫へ。
五	五九二	壬子	39	10月崇峻と馬子不和。馬子、天皇殺害計画。是月大法興寺（飛鳥寺）の仏堂と歩廊を起つ。11・3馬子、東漢直駒に崇峻を殺させる。倉梯岡陵に葬る（以上、崇峻紀）。11月群臣、敏達皇后額田部に即位を請い、天皇の璽印を奉る。12・8豊浦宮で即位。	11月筑紫の将軍に駅使で「内乱によって外事を怠るな」と伝える。
推古 一	五九三	癸丑	40	1・15仏舎利を法興寺刹柱の礎に置く。4・10厩戸豊聡耳を「皇太子」とし摂政せしめ、万機を委ねる。◇馬子とともに天下輔政、三宝興隆〔帝説〕。9月用明を河内磯長陵に改葬す。是歳始めて四天王寺を難波の荒陵に造る。◇舒明誕生〔紹運録の没年齢より〕。	（厩戸生誕説話）母穴穂部間人が馬司の厩の戸で産む。生まれながらに能く言う。壮に及びて、ひとたびに十人の訴えを聞き、未然を知る。内経を高麗僧慧慈に、外典を博士覚哿に学び、悉くに達る。父用明の宮の南の上殿に居し、称えて上宮厩戸豊聡耳太子という。

二	五九四	甲寅	41	2・1「皇太子」及び大臣に詔して三宝興隆せしむ。是時、諸臣連等、君親の恩のために競って仏舎を造る。是を寺という。	
三	五九五	乙卯	42	5・10高麗僧慧慈帰化、「皇太子」、師とす。**是歳**百済僧慧聡来る。両僧、仏教を弘め、三宝の棟梁となる。	7月将軍等、筑紫より至る。
四	五九六	丙辰	43	11月法興寺造りおわり、馬子の子善徳を寺司とす。**是日**慧慈・慧聡、始めて法興寺に住す。	
六	五九八	戊午	45	◇3月膳大娘を厩戸妃に〔伝暦〕。◇戊午年4・15天皇、上宮王（厩戸）に勝鬘経を講ぜしむ〔帝説〕。	2月隋、高句麗に出兵。
八	六〇〇	庚申	47	◇隋文帝の開皇二〇年、倭王アメタリシヒコ遣使〔隋書〕。	2月新羅と任那が相攻める。**是歳**将軍と万余の衆を遣わし、任那のために新羅を撃つ。
九	六〇一	辛酉	48	2月「皇太子」、初めて宮室を斑鳩に興す。	
一〇	六〇二	壬戌	49	2・1来目を撃新羅将軍とし、諸神部・国造・伴造ら二万五千人の軍衆を授く。4・1来目、筑紫に至る。6・3大伴囓ら百済より至る。是時、来目、病臥し征討を果さず。	10月百済僧観勒が暦本・天文地理書・遁甲方術書を貢進。書生三～四人に習わせ、皆、業を成す。潤10月高麗僧僧隆・雲聡、来帰す。

一一	六〇三	癸亥	50	2・4来目、筑紫で薨ず。4・1来目の兄当麻を征新羅将軍に。7・6当麻、播磨に至り、妻舎人が明石で薨。当麻は返り、遂に征討せず。10・4小墾田宮に遷る。12・5冠位一二階を行う。当色の絁で縫い、元日には髻花を着す。	11月秦造河勝、蜂岡寺を造る。
一二	六〇四	甲子	51	1・1始めて冠位を諸臣に賜う。4・3「皇太子」、憲法十七条を作る。9月朝礼を改める。	
一三	六〇五	乙丑	52	4・1「皇太子」・大臣・諸王・諸臣に詔。ともに誓願し銅・繡の丈六仏を造る。鞍作鳥を造仏工に。是時、高麗国大興王、黄金三〇〇両貢上。10月「皇太子」、斑鳩宮に居す。	
一四	六〇六	丙寅	53	4・8銅・繡の丈六仏を造り終わる。是日元興寺の金堂に坐す。即日、設斎。是年より、寺毎に四月八日、七月一五日の設斎。5・5鞍作鳥の功を賞し、近江坂田郡水田二〇町を給う。鳥は此の田で推古のために金剛寺を作る（南淵の坂田尼寺）。7月「皇太子」に勝鬘経を講かしむ。是歳「皇太子」、勝鬘経を岡本宮に講く。播磨国の水田百町を施し、斑鳩寺に納れる。	
一五	六〇七	丁卯	54	2・14壬生部を定める。2・15「皇太子」・大	是冬倭・山背・河内に池・溝

				臣・百寮を率い、神祇を祭拝。7・3小野妹子を大唐（隋）に遣わす。◇隋大業3年、倭王タリシヒコ遣使朝貢す。国書に「日出処天子」。煬帝は無礼として悦ばず〔隋書〕。	を作り、国毎に屯倉を置く。
一六	六〇八	戊辰	55	4月妹子、大唐（隋）より、裴世清とともに至る。6・15飾船で客等を江口に迎える。妹子、皇帝の国書紛失。8・3飾騎で客を海石榴市の術に迎え、額田部比羅夫、礼辞。8・12客を朝廷に召す。国書に「皇帝、倭皇を問う」。是時、皇子・諸王・諸臣、金の髻花を頭に着す。服には冠の色を用いる。9・11裴世清帰国。妹子を大使とし、副え遣わす。国書に「東天皇、敬みて西皇帝に曰す」。学生・学問僧等八人を遣わす。◇戊辰年、大隋国使主裴世清等、（元興寺に）来奉す〔丈六光銘〕。	
一七	六〇九	己巳	56	9月妹子等、大唐（隋）より至る。◇己巳年4・8丈六仏を造り竟え、元興寺に坐す〔丈六光銘〕。	
一八	六一〇	庚午	57	10・8新羅・任那の使人、京に至る。額田部比羅夫等を荘馬の長とす。10・9客等、朝廷で使旨を奏す。	3月高麗王、僧曇徴・法定を貢上す。曇徴は五経を知る。
一九	六一一	辛未	58	5・5菟田野に薬猟す。額田部比羅夫を後部領と	

				す。諸臣の服色は冠の色に随い、髻花を着す。	
二〇	六一二	壬申	59	**1・7**群卿に宴。**是日**大臣馬子、寿歌を献じ、推古も和す。**2・20**堅塩媛を檜隈大陵に改葬。**是日**軽の術で誄奏上。**是歳**百済より化来の工人、須弥山・呉橋を南庭に構く。	**1月**隋、高句麗攻撃。
二一	六一三	癸酉	60		**4月**隋、第2回高句麗攻撃。**11月**掖上池等を作る。難波より京に至る大道を置く。
二二	六一四	庚戌	61	**6・13**犬上君御田鍬等を大唐（隋）に遣わす。**8月**大臣馬子、病臥。大臣の為に男女一千人を出家さす。	**2月**隋、第3回高句麗攻撃。
二三	六一五	乙亥	62	**9月**犬上御田鍬等、大唐（隋）より至る。	**11月**高麗僧慧慈、帰国。
二四	六一六	丙子	63		**7月**新羅、仏像を貢ず。
二六	六一八	戊寅	65		**3月**煬帝、殺さる。**8月**高麗の使者、隋の大敗、滅亡を伝える。
二八	六二〇	庚辰	67	**10月**砂礫を檜隈陵に葺き、氏毎に大柱を土山の上に建てしむ。**是歳**天皇記・国記、臣連伴造国造百八十部併公民等本記を録す。	
二九	六二一	辛巳	68	**2・5**厩戸、斑鳩宮で薨。**是月**磯長陵に葬る。◇	

三〇	六二二	壬午	69	12月間人死去〔釈迦三尊銘・繍帳銘〕。◇壬午年、2・22太子死去〔釈迦三尊銘・繍帳銘・帝説〕。四九歳〔補闕〕。膳妃の発願で釈迦三尊像作成〔同銘〕、橘妃の願いで天寿国繍帳作成〔同繍帳銘〕。	この頃、酢香手姫、葛城に退下か〔用明即位前紀〕。
三一	六二三	癸未	70	7月新羅・任那使、仏像・金塔・舎利を貢る。留学生恵日等、帰国し、唐は法式備わる国と伝える。	**是歳**新羅が「任那」を討つ。新羅征討軍を派遣。11月新羅、両国（新羅・「任那」）の調を貢る。
三二	六二四	甲申	71	4・3僧の祖父殴打事件。僧正・僧都を任じ、僧尼検校。法頭を任ず。9・3寺・僧尼を調査。寺四六所、僧八一六人、尼五六九人。10・1蘇我馬子、葛城県を要求するが、許さず。	1月唐が高句麗・百済・新羅を冊封〔旧唐書〕。
三三	六二五	乙酉	72	1・7高麗王、僧を貢る。	
三四	六二六	丙戌	73	5・20蘇我馬子没。桃原墓に葬る。◇6月馬子死す〔帝説裏書〕。七六歳〔略記〕。	**是歳**霖雨、天下飢饉。
三六	六二八	戊子	75	2・27病。3・6田村と山背を召し、遺詔。7日没。南庭に殯。9・20葬礼を起こす。群臣、殯宮で誄。生前の遺詔により、9・24竹田の陵に葬る。◇大野岡上にあり。のち科長大陵に遷す〔古事記〕。	春から夏、旱。

舒明 元	六二九	己丑		（以下、舒明即位前紀）蝦夷邸での群臣会議は、後継者をめぐり紛糾。山背を推す境部摩理勢は、蝦夷に攻められ、死。1・4蝦夷・群卿、田村に天皇璽印を献る。田村即位（舒明）。
皇極 二	六四三	癸卯		11・1蘇我入鹿、斑鳩の山背を襲う。一族、斑鳩寺で自尽。◇蝦夷・入鹿・軽等、太子子孫男女二三王を害す〔補闕〕。

＊史実性に疑問のある記載も含めて、『日本書紀』の記事をベースに作成。参照すべき異伝は◇で記し、〔 〕で典拠を略記した。〔帝説〕＝『上宮聖徳法王帝説』／〔元縁起〕＝醍醐寺本「元興寺伽藍縁起幷流記資財帳」／〔略記〕＝『扶桑略記』／〔繡帳〕＝「天寿国繡帳」／〔紹運録〕＝『本朝皇胤紹運録』／〔伝暦〕＝『聖徳太子伝暦』／〔丈六光銘〕＝「元興寺伽藍縁起幷流記資財帳」所載「丈六光銘」／〔釈迦三尊銘〕＝「法隆寺釈迦三尊像光背銘」

ま・や　行

ら・わ　行

さ　行

た　行

な　行

事項索引

あ行

か行

ま・や・わ　行

人名索引

あ 行

か 行

さ 行

た 行

な・は 行

《著者紹介》

義江明子（よしえ・あきこ）

1948年　大阪府生まれ。
1971年　東京教育大学文学部史学科卒業。
1979年　東京都立大学大学院人文科学研究科修士課程修了。
現　在　帝京大学名誉教授，文学博士。
主　著　『日本古代の氏の構造』吉川弘文館，1986年。
『日本古代の祭祀と女性』吉川弘文館，1996年〈第12回女性史青山なを賞〉。
『日本古代系譜様式論』吉川弘文館，2000年。
『古代王権論』岩波書店，2011年。
『天武天皇と持統天皇』山川出版社，2014年。
『日本古代女帝論』塙書房，2017年〈第40回角川源義賞〉ほか。

ミネルヴァ日本評伝選
推古天皇（すいこてんのう）
――遺命に従うのみ 群言を待つべからず――

2020年12月10日　初版第1刷発行　〈検印省略〉

定価はカバーに
表示しています

著　者　義　江　明　子
発行者　杉　田　啓　三
印刷者　江　戸　孝　典

発行所　株式会社　ミネルヴァ書房
607-8494 京都市山科区日ノ岡堤谷町1
電話代表（075）581-5191
振替口座 01020-0-8076

共同印刷工業・新生製本

ISBN978-4-623-09017-4
Printed in Japan

刊行のことば

歴史を動かすものは人間であり、興趣に富んだ人間の動きを通じて、世の移り変わりを考えるのは、歴史に接する醍醐味である。

しかし過去の歴史学を顧みるとき、人間不在という批判さえ見られたように、歴史における人間のすがたが、必ずしも十分に描かれてきたとはいえない。二十一世紀を迎えた今、歴史の中の人物像を蘇生させようとの要請はいよいよ強く、またそのための条件もしだいに熟してきている。

この「ミネルヴァ日本評伝選」は、正確な史実に基づいて書かれるのはいうまでもないが、単に経歴の羅列にとどまらず、歴史を動かしてきたすぐれた個性をいきいきとよみがえらせたいと考える。そのためには、対象とした人物とじっくりと対話し、ときにはきびしく対決していくことも必要になるだろう。

今日の歴史学が直面している困難の一つに、研究の過度の細分化、瑣末化が挙げられる。それは緻密さを求めるが故に陥った弊害といえるが、その結果として、歴史の大きな見通しが失われ、歴史学を通しての社会への働きかけの途が閉ざされ、人々の歴史への関心を弱める危険性がある。今こそ歴史が何のためにあるのかという、基本的な課題に応える必要があろう。評伝という興味ある方法を通じて、解決の手がかりを見出せないだろうかというのも、この企画の一つのねらいである。

狭義の歴史学の研究者だけでなく、多くの分野ですぐれた業績をあげている著者たちを迎えて、従来見られなかった規模の大きな人物史の叢書として、「ミネルヴァ日本評伝選」の刊行を開始したい。

平成十五年（二〇〇三）九月

ミネルヴァ書房

ミネルヴァ日本評伝選

企画推薦
梅原猛
ドナルド・キーン
佐伯彰一
角田文衞

監修委員
上横手雅敬
芳賀徹

編集委員
石川九楊
伊藤之雄
猪木武徳
今谷明
今橋映子
熊倉功夫
佐伯順子
坂本多加雄
武田佐知子
竹西寛子
西口順子
兵藤裕己
御厨貴

上代

*俾弥呼　古田武彦
日本武尊　西宮秀紀
*仁徳天皇　若井敏明
雄略天皇　吉村武彦
継体天皇　若井敏明
*蘇我氏四代　遠山美都男
*推古天皇　義江明子
聖徳太子　仁藤敦史
斉明天皇　武田佐知子
*小野妹子・毛人・毛野　大橋信弥
*額田王　梶川信行
弘文天皇　遠山美都男
天武天皇　新川登亀男
持統天皇　丸山裕美子
阿倍比羅夫　熊田亮介
*藤原四子　木本好信
役小角　脊古真哉
*柿本人麿　古橋信孝
*元明天皇・元正天皇　渡部育子
聖武天皇　本郷真紹
光明皇后　寺崎保広
*孝謙・称徳天皇　勝浦令子
藤原不比等　荒木敏夫
橘諸兄・奈良麻呂　遠山美都男
吉備真備　今津勝紀
*藤原仲麻呂　木本好信
道鏡　吉川真司
*藤原種継　木本好信
*行基　吉田靖雄

平安

*桓武天皇　井上満郎
嵯峨天皇　西別府元日
宇多天皇　古藤真平
醍醐天皇　石上英一
村上天皇　京樂真帆子
花山天皇　上島享
*三条天皇　倉本一宏
藤原薬子　中野渡俊治
*藤原良房・基経　瀧浪貞子
*紀貫之　神田龍身
源高明　所功
*安倍晴明　斎藤英喜
*藤原道長　朧谷寿
*藤原伊周・隆家　倉本一宏
藤原定子　山本淳子
*藤原彰子　朧谷寿
清少納言　三田村雅子
和泉式部　ツベタナ・クリステワ
大江匡房　小峯和明
*阿弖流為　樋口知志
坂上田村麻呂　熊谷公男
*源満仲・頼光　元木泰雄
平将門　西山良平
藤原純友　寺内浩
源義家　大津雄一
最澄　吉田一彦
円珍　岡野浩二
*空也　石井義長
奝然　上川通夫
*源信　小原仁
慶滋保胤　吉原浩人
*後白河天皇　美川圭
*式子内親王　奥野陽子
建礼門院　生形貴重
藤原頼長・師長　樋口健太郎
*藤原秀衡　入間田宣夫
平時子・時忠　元木泰雄
平維盛　根井浄
木曾義仲　樋口州男
守覚法親王　阿部泰郎
藤原隆信・信実　山本陽子

鎌倉

源頼朝　川合康
*源義経　近藤好和
源実朝　神田龍身
*九条兼実　加納重文
九条道家　上横手雅敬
北条時政　野口実
熊谷直実　佐伯真一
*北条政子　関幸彦
*北条義時　岡田清一
曾我十郎・五郎　杉橋隆夫
後鳥羽天皇　兵藤裕己
北条時頼　山本隆志
北条時宗　近藤成一
平頼綱　細川重男
竹崎季長　堀本一繁
西行　光田和伸
鴨長明　浅見和彦
藤原定家　赤瀬信吾
*京極為兼　今谷明
*兼好　島内裕子
重源　横内裕人
*運慶　根立研介
快慶　井上一稔
法然　今堀太逸
*栄西　中尾良信
明恵　西山厚
*親鸞　末木文美士
恵信尼・覚信尼　西口順子
覚如　今井雅晴
*道元　船岡誠
叡尊　細川涼一
*忍性　松尾剛次
*日蓮　佐藤弘夫
一遍　蒲池勢至
夢窓疎石　原田正俊
*宗峰妙超　竹貫元勝

南北朝・室町

後醍醐天皇　上横手雅敬
*護良親王　新井孝重
*懐良親王　森　茂暁
*赤松氏五代　渡邊大門
*北畠親房　岡野友彦
楠正成　兵藤裕己
楠木正行・正儀　生駒孝臣
*新田義貞　山本隆志
*光厳天皇　深津睦夫
足利尊氏　市沢　哲
*足利直義　亀田俊和
佐々木道誉　下坂　守
細川頼之　亀田俊和
円観・文観　田中貴子
足利義詮　早島大祐
足利義満　川嶋將生
*足利義持　吉田賢司
足利持氏　植田真平
足利義政　木下昌規
日野富子　田端泰子
*大内義弘　平瀬直樹
伏見宮貞成親王　松薗　斉
*山名宗全　山本隆志
細川勝元・政元　古野　貢
畠山義就　呉座勇一
足利成氏　阿部能久
世阿弥　西野春雄
雪舟等楊　河合正朝
宗祇　鶴崎裕雄
*満済　森　茂暁
一休宗純　原田正俊
蓮如　岡村喜史

戦国・織豊

北条早雲　家永遵嗣
*北条氏綱　黒田基樹
*北条氏政　黒田基樹
*大内義隆　藤井　崇
*斎藤氏四代　木下　聡
*毛利元就　岸田裕之
*毛利輝元　光成準治
*小早川隆景・秀秋　光成準治
*六角定頼　村井祐樹
*今川義元　小和田哲男
*武田信玄　笹本正治
*武田勝頼　笹本正治
*真田氏三代　笹本正治
*三好長慶　天野忠幸
松永久秀　天野忠幸
*宇喜多直家・秀家　渡邊大門
*上杉謙信　矢田俊文
大友義鎮　鹿毛敏夫
島津義久・義弘　福島金治
細川幽斎　鈴木　元
*長宗我部元親・盛親　平井上総
最上氏三代　松尾剛次
浅井長政　長谷川裕子
蠣崎・松前氏五代　新藤　透
吉田兼倶　西山　克
山科言継　松薗　斉
*雪村周継　赤澤英二
正親町天皇・後陽成天皇　神田裕理
*足利義輝・義昭　山田康弘
織田信長　三鬼清一郎
織田長益　八尾嘉男
*明智光秀・秀満　小和田哲男
豊臣秀吉　藤井譲治
豊臣秀次　矢部健太郎
*北政所おね　田端泰子
*淀殿　福田千鶴
蜂須賀正勝・家政　三宅正浩
前田利家　東四柳史明
山内一豊・忠義　長屋隆幸
*黒田如水　小和田哲男
*蒲生氏郷　藤田達生
石田三成　堀越祐一
*細川ガラシャ　田端泰子
*支倉常長　田中英道
千利休　熊倉功夫
*長谷川等伯　宮島新一
*顕如　神田千里
教如　安藤　弥

江戸

*徳川家康　笠谷和比古
板倉勝重　谷　徹也
本多忠勝　柴　裕之
本多正純　小川　雄
柳生宗矩　福田千鶴
*徳川家光　野村　玄
徳川吉宗　横田冬彦
*後水尾天皇　久保貴子
後桜町天皇　所　京子
*光格天皇　藤田　覚
*春日局　福田千鶴
宮本武蔵　渡邊大門
*池田光政　倉地克直
保科正之　八木清治
シャクシャイン　岩崎奈緒子
*田沼意次　藤田　覚
細川重賢　安高啓明
松平治郷　小林准士
*二宮尊徳　小林惟司
*末次平蔵　岡美穂子
*高田屋嘉兵衛　生田美智子
沢庵宗彭　芳澤　元
*林羅山　鈴木健一
吉野太夫　渡辺憲司
熊沢蕃山　川口　浩
*山崎闇斎　澤井　啓一
山鹿素行　前田　勉
*北村季吟　島内景二
伊藤仁斎　澤井啓一
貝原益軒　辻本雅史
*ケンペル　B・M・ボダルト＝ベイリー
新井白石　大川　真
荻生徂徠　柴田　純
*雨森芳洲　上田正昭
石田梅岩　高野秀晴
白隠慧鶴　芳澤勝弘
前野良沢　松田　清
平賀源内　石上　敏
本居宣長　田尻祐一郎
杉田玄白　吉田　忠
木村蒹葭堂　有坂道子
*大田南畝　沓掛良彦
菅江真澄　赤坂憲雄
*鶴屋南北　諏訪春雄
良寛　阿部龍一
*山東京伝　佐藤至子
*滝沢馬琴　高田　衛
平田篤胤　山下久夫
国友一貫斎　太田浩司
シーボルト　宮坂正英
本阿弥光悦　岡　佳子
小堀遠州　中村利則
狩野探幽・山雪　山下善也
尾形光琳・乾山　河野元昭
*二代目市川團十郎　田口章子
伊藤若冲　狩野博幸
*浦上玉堂　高橋博巳
*佐竹曙山　成瀬不二雄
葛飾北斎　岸　文和
酒井抱一　玉蟲敏子

孝明天皇　青山忠正
*和宮　辻ミチ子
徳川慶喜　大庭邦彦
島津斉彬　原口泉
横井小楠　沖田行司
*古賀謹一郎　小野寺龍太
*永井尚志　高村直助
*岩瀬忠震　小野寺龍太
*栗本鋤雲　小野寺龍太
大村益次郎　竹本知行
岩倉具視　斎藤紅葉
河井継之助　小川和也
松平春嶽　大石学
*西郷隆盛　家近良樹
*由利公正　角鹿尚計
橋本左内・橘曙覧　角鹿尚計
*塚本明毅　塚本学
松平容保　白石烈
山岡鉄舟・高橋泥舟　岩下哲典
三条実美　奈良勝司
*月性　海原徹
*吉田松陰　海原徹
*高杉晋作　海原徹
*久坂玄瑞　一坂太郎
ペリー　遠藤泰生
ハリス　福岡万里子
オールコック　佐野真由子
アーネスト・サトウ　奈良岡聰智

近代

*明治天皇　伊藤之雄
*大正天皇　F・R・ディキンソン
*昭憲皇太后・貞明皇后　小田部雄次
大久保利通　三谷太一郎
山県有朋　鳥海靖
木戸孝允　落合弘樹
井上馨　伊藤之雄
*松方正義　室山義正
榎本武揚　醍醐龍馬
北垣国道　小林丈広
板垣退助　小川原正道
長与専斎　笠原英彦
大隈重信　五百旗頭薫
伊藤博文　坂本一登
井上毅　大石眞
*井上勝　老川慶喜
*桂太郎　小林道彦
*渡邉洪基　瀧井一博
*乃木希典　佐々木英昭
星亨　小林道彦
林董　奈良岡聰智
*児玉源太郎　小林道彦
*高宗・閔妃　木村幹
山本権兵衛　室山義正
*金子堅太郎　松村正義
高橋是清　鈴木俊夫
小村寿太郎　簑原俊洋
*犬養毅　小林惟司
原敬　季武嘉也

*加藤高明　櫻井良樹
牧野伸顕　小宮一夫
田中義一　黒沢文貴
内田康哉　高橋勝浩
平沼騏一郎　堀田慎一郎
*鈴木貫太郎　小堀桂一郎
宇垣一成　北岡伸一
*宮崎滔天　榎本泰子
*浜口雄幸　川田稔
幣原喜重郎　西田敏宏
関一　玉井金五
水野広徳　片山慶隆
広田弘毅　井上寿一
安重根　上垣外憲一
*グルー　廣部泉
*永田鉄山　森靖夫
東條英機　牛村圭
今村均　前田雅之
蒋介石　劉岸偉
近衛文磨　庄司潤一郎
*岩崎弥太郎　武田晴人
伊藤忠兵衛　末永國紀
*五代友厚　田付茉莉子
大倉喜八郎　村上勝彦
*安田善次郎　由井常彦
渋沢栄一　武田晴人
中野武営　佐賀香織
益田孝　鈴木邦夫
山辺丈夫　宮本又郎
武藤山治　阿部武司・桑原哲也
池田成彬　松浦正孝

西原亀三　森川正則
小林一三　橋爪紳也
大倉恒吉　石川健次郎
大原孫三郎　猪木武徳
*河竹黙阿弥　今尾哲也
イザベラ・バード　加納孝代
小泉八雲　斎藤英喜
*林忠正　木々康子
*森鷗外　小堀桂一郎
*二葉亭四迷　ヨコタ村上孝之
*正岡子規　井上泰至
*夏目漱石　佐々木英昭
徳冨蘆花　半藤英明
巌谷小波　千葉信胤
樋口一葉　佐伯順子
*島崎藤村　十川信介
泉鏡花　東郷克美
上田敏　小林茂
*有島武郎　亀井俊介
志賀直哉　小林幸夫
北原白秋　平石典子
菊池寛　山本芳明
芥川龍之介　高橋龍夫
*宮沢賢治　千葉一幹
高浜虚子　坪内稔典
与謝野晶子　佐伯順子
*種田山頭火　村上護
*斎藤茂吉　品田悦一
*高村光太郎　湯原かの子
石川啄木　先崎彰容

萩原朔太郎　エリス俊子・栗原飛宇馬
*原阿佐緒　秋山佐和子
*狩野芳崖・高橋由一　古田亮
川村清雄　落合則子
*小堀鞆音　小堀桂一郎
竹内栖鳳　北澤憲昭
黒田清輝　高階秀爾
中村不折　石川九楊
横山大観　高階秀爾
*橋本関雪　西原大輔
土田麦僊　天野一夫
岸田劉生　北澤憲昭
濱田庄司　濱田琢司
*山田耕筰　後藤暢子
松旭斎天勝　川添裕
中山みき　鎌田東二
佐田介石　谷川穣
*ニコライ　中村健之介
*出口なお・王仁三郎　川村邦光
*新島襄　太田雄三
新島八重　佐伯順子
木下広次　冨岡勝
山川健次郎　小宮京・中澤俊輔
海老名弾正　西田毅
嘉納治五郎　クリストファー・スピルマン
柏木義円　片野真佐子
津田梅子　田中智子
*澤柳政太郎　新田義之
*河口慧海　高山龍三

*山室軍平　室田保夫
*大谷光瑞　白須淨眞
*久米邦武　髙田誠二
フェノロサ　伊藤　豊
井上哲次郎　井ノ口哲也
三宅雪嶺　長妻三佐雄
*岡倉天心　木下長宏
志賀重昂　中野目徹
徳富蘇峰　杉原志啓
*竹越与三郎　西田　毅
内藤湖南・桑原隲蔵　礪波　護
*廣池千九郎　橋本富太郎
岩村　透　今橋映子
*西田幾多郎　大橋良介
*金沢庄三郎　石川遼子
*柳田国男　鶴見太郎
厨川白村　張　競
*村岡典嗣　水野雄司
大川周明　山内昌之
西田直二郎　林　淳
*折口信夫　斎藤英喜
九鬼周造　古川雄嗣
三木　清　杉山直樹
シュタイン　瀧井一博
*西　周　清水多吉
*福澤諭吉　平山　洋
成島柳北　山田俊治
*福地桜痴　山田俊治
*村山龍平　早房長治
島田三郎　武藤秀太郎
田口卯吉　鈴木栄樹

*陸　羯南　松田宏一郎
有賀長雄　森田吉彦
*黒岩涙香　奥　武則
幸徳秋水　馬渕浩二
長谷川如是閑　織田健志
上杉慎吉　今野　元
*吉野作造　田澤晴子
*山川　均　米原　謙
*岩波茂雄　十重田裕一
*北　一輝　岡本幸治
*穂積重遠　大村敦志
中野正剛　吉田則昭
荒畑寒村　川村邦光
*満川亀太郎　福家崇洋
*エドモンド・モレル　林田治男
*北里柴三郎　福田眞人
高峰譲吉　木村昌人
田辺朔郎　秋元せき
*南方熊楠　飯倉照平
石原　純　金子　務
*辰野金吾　河上眞理・清水重敦
*七代目小川治兵衛　尼崎博正
本多静六　岡本貴久子
ブルーノ・タウト　北村昌史
ヴォーリズ　山形政昭・吉田与志也

現代

昭和天皇　御厨　貴

高松宮宣仁親王　後藤致人
*李　方子　小田部雄次
吉田　茂　中西　寛
マッカーサー　柴山　太
鳩山一郎　楠　綾子
*石橋湛山　増田　弘
重光　葵　武田知己
市川房枝　村井良太
*池田勇人　藤井信幸
高野　実　篠田　徹
和田博雄　庄司俊作
ライシャワー　廣部　泉
朴正熙　木村　幹
*田中角栄　新川敏光
宮沢喜一　村上友章
竹下　登　真渕　勝
*松永安左エ門　橘川武郎
鮎川義介　井口治夫
*出光佐三　橘川武郎
*松下幸之助　米倉誠一郎
渋沢敬三　井上　潤
*本田宗一郎　伊丹敬之
*井深　大　武田　徹
*佐治敬三　小玉　武
幸田家の人々　金井景子
*正宗白鳥　大嶋　仁
*大佛次郎　福島行一
井伏鱒二　滝口明祥

*川端康成　大久保喬樹
*薩摩治郎八　小林　茂
坂口安吾　千葉一幹
太宰　治　安藤　宏
松本清張　杉原志啓
安部公房　鳥羽耕史
*三島由紀夫　島内景二
井上ひさし　成田龍一
R・H・ブライス　菅原克也
柳　宗悦　熊倉功夫
バーナード・リーチ　鈴木禎宏
*熊谷守一　古川秀昭
川端龍子　岡部昌幸
藤田嗣治　林　洋子
*井上有一　海上雅臣
*手塚治虫　竹内オサム
古賀政男　藍川由美
*吉田　正　金子　勇
武満　徹　船山　隆
*八代目坂東三津五郎　田口章子
*力道山　岡村正史
*西田天香　宮田昌明
安倍能成　中根隆行
サンソム夫妻　平川祐弘・牧野陽子
*天野貞祐　貝塚茂樹
和辻哲郎　小坂国継
矢代幸雄　稲賀繁美
石田幹之助　岡本さえ
*平泉　澄　若井敏明
*早川孝太郎　須藤　功

安岡正篤　片山杜秀
*青山二郎　田野　勲
島田謹二　小林信行
田中美知太郎　川久保剛
前嶋信次　杉田英明
*唐木順三　澤村修治
亀井勝一郎　山本直人
宮本常一　須藤　功
知里真志保　モコットゥナシ
竹内　好　田澤晴子
*保田與重郎　谷崎昭男
石母田正　磯前順一
*福田恆存　川久保剛
井筒俊彦　安藤礼二
吉田　満　貝塚茂樹
佐々木惣一　伊藤孝夫
高田保馬　金子　勇
小泉信三　都倉武之
*瀧川幸辰　伊藤孝夫
式場隆三郎　服部　正
大宅壮一　有馬　学
*清水幾太郎　庄司武史
*フランク・ロイド・ライト　大久保美春
*中谷宇吉郎　杉山滋郎
今西錦司　山極寿一

*は既刊
二〇二〇年十二月現在